DIE GROSSEN IRRTÜMER DER MENSCHHEIT

Pere Romanillos

DIE GROSSEN IRRTÜMER DER MENSCHHEIT

Aus dem Spanischen von María Fernández
und Hanne Henninger

THEISS

Die spanische Originalausgabe erschien 2010 unter dem Titel
Grandes errores de la humanidad bei Editorial Océano S.L.

Die Deutsche Nationalbibliothek verzeichnet diese Publikation in der
Deutschen Nationalbibliografie; detaillierte bibliografische Daten sind im Internet über
http://dnb.d-nb.de abrufbar.

Der Theiss Verlag ist ein Imprint der WBG.

Die Herausgabe des Werkes wurde durch die Vereinsmitglieder der WBG ermöglicht.
Satz: Verlagsservice Henninger GmbH, Würzburg
Einbandgestaltung: Stefan Schmid Design, Stuttgart
Einbandabbildung: © Okapia/image/Broker/Jochen Tack
Gedruckt auf säurefreiem und alterungsbeständigem Papier
Printed in Germany

Besuchen Sie uns im Internet: www.wbg-wissenverbindet.de

ISBN 978-3-8062-3163-2

Elektronisch sind folgende Ausgaben erhältlich:
eBook (PDF): ISBN 978-3-8062-3219-6
eBook (epub): ISBN 978-3-8062-3220-2

*Zwei Dinge sind unendlich,
das Universum und die menschliche
Dummheit, aber bei dem Universum
bin ich mir noch nicht ganz sicher.*

Albert Einstein

Inhalt

GESCHÄFTE!

TECHNIK

UMWELT

ERRARE HUMANUM EST

Pelikan
BR 40

Einleitung

Im heutigen Computerzeitalter hat jeder Schriftsteller (neben der stets gefüllten Kaffeetasse und dem Internet) einen mächtigen Retter: STRG + Z, die magische Kombination aus zwei Tasten, die den letzten Vorgang rückgängig und jeden Fehler ungeschehen macht. Schade, dass es diesen Cyber-Radiergummi nicht auch im wirklichen Leben gibt. Wie viele Blamagen wären uns erspart geblieben!

Jetzt mal ehrlich, keiner von uns ist unfehlbar. Die Geschichte der Menschheit steckt voller Fehler und Irrtümer. Von wegen die Erde ist flach, der Weg führt nach Indien, das Schiff ist unsinkbar … Wenn wir etwas über die Jahrhunderte (gründlich) bewiesen haben, dann dass unsere Dummheit das schlimmste Fiasko verursachen kann: Kriege, Krankheiten, Seuchen, Unfälle, Katastrophen und weltweite Krisen, die alle mit ein wenig mehr Umsicht und dem Gebrauch des gesunden Menschenverstandes vermeidbar gewesen wären. Nun sollte man meinen, wir hätten unsere Denkzettel bekommen und daraus gelernt. Doch schon wieder weit gefehlt, denn ein kurzer Blick auf die Geschichte beweist, dass wir immer wieder über dieselben Steine stolpern.

Egal ob sie durch schieres Pech, ein schlichtes Missverständnis oder miserable Vorbereitung entstanden sind, die meisten Fehler aus der Vergangenheit hatten katastrophale Folgen, wie dieses Buch zeigt. Seit dem Biss in die verbotene Frucht, die mit der Vertreibung aus dem Paradies bestraft wurde, hat es die Menschheit auf eine stattliche Ansammlung von groben Schnitzern und Irrtümern gebracht, die Hunderten und Tausenden das Leben gekostet haben, den Niedergang stolzer Imperien nach sich zogen und ganze Länder in den wirtschaftlichen Ruin stürzten.

STRG + Z: Eine simple Tastenkombination, durch die wir mit einem Handgriff unsere letzte Aktion rückgängig und jeden folgenschweren Fehler ungeschehen machen können.

Aber ein kurzer Blick zurück auf die Geschichte zeigt, dass wir kaum aus unseren Fehlern lernen und immer wieder über dieselben Steine stolpern.

Der Glaube hatte verheerende Folgen während der mittelalterlichen Hexenverfolgungen – ein unverzeihlicher Fehler, der nie mehr gutzumachen ist.

Spinner oder Visionäre?

Wir haben uns alle schon einmal vergaloppiert. Die Vernunft setzt aus und plötzlich scheitern wir kläglich bei einer Sache, die wir zuerst für eine geniale Idee gehalten haben. So erging es Hannibal, als er mit einem Heer von 60 000 Mann, 8000 Pferden und 50 Elefanten die Alpen überqueren wollte, Napoleon und Hitler, als sie beschlossen, in Russland einzumarschieren, oder Kolumbus, der sich in Japan glaubte, als er in Amerika landete. Auch wenn uns dies heute absurd erscheint, waren diese Leute damals von ihrem Handeln überzeugt. Für Anaximander war die Erde unbeweglich und damit basta. Für Ptolemäus stand sie im Zentrum des Universums. In Pisa wollte der Architekt einen kerzengeraden Turm errichten. General Custer war sicher, mit seinen Truppen die Indianer besiegen zu können. Coca-Cola wollte mehr verdienen, änderte den Geschmack seiner Coke und verzeichnete Umsatzeinbußen. Und in Paris war man überzeugt, dass Hitler niemals die Maginot-Linie überqueren würde …

Wahr ist aber auch, dass manche Ereignisse durch Umstände, Lebensbedingungen oder historischen Zeitpunkt nicht gerade begünstigt wurden. Man kann heute leicht über griechische Astronomen oder große Entdecker lachen, wenn man außer Acht lässt, dass ihnen kein Teil unserer modernen Technologie zur Verfügung stand.

Bevor wir uns für Plan A oder Plan B entscheiden, sollten wir zuerst etliche Faktoren abwägen und nicht wahllos eine der vielen Ideen, die uns durch den Kopf schwirren, verwirklichen. Momententscheidungen aus Wut, Neid, Gier, Glaube, Stolz, Lust, Trägheit, Liebe oder Gleichgültigkeit waren die Hauptursachen für die meisten Irrtümer der Menschheit. Ob Evas Gelüste, Cäsars Hochmut oder Hitlers Machtgier: Im Rückblick erscheinen oft die schlimmsten Fehler als ganz leicht vermeidbar. Womöglich waren sie es auch. Aber die Geschichtsschreibung erfasst all unsere Erfolge ... und unsere Bauchlandungen. Wir sind eben so und nicht anders, ob es uns nun gefällt oder nicht.

Kapitale Fehler führten bei der NASA sogar dazu, dass die Flüge ins All gestoppt werden mussten. Das Abenteuer Raumfahrt wurde durch zerborstene Shuttles und wirtschaftliche Verluste schwer belastet. **Oben:** Bild aus dem Film *Die Reise zum Mond* von Georges Méliès aus dem Jahr 1902.

Zum Buchinhalt

Das Buch ist in sieben Abschnitte unterteilt: Geschichte, Wissenschaft & Medizin, Es ist Krieg!, Geschäfte!, Technik, Umwelt und *Errare humanum est*. Es versammelt nicht alle Irrtümer, die passiert sind, aber alle diese Irrtümer sind passiert.

Sicherlich wird die Menschheit auch weiterhin Fehler machen. Dennoch ist es gut, den Parcours mit den bereits geschehenen zu kennen. Und wie der Philosoph und Schriftsteller George Santayana einmal ganz richtig bemerkte: „Diejenigen, die sich nicht der Vergangenheit erinnern, sind verurteilt, sie erneut zu durchleben“.

GESCHICHTE

Von wegen einfach reinbeißen!

FEHLER: Verbotene Früchte isst man nicht.

Wer?
Adam und Eva.

Wann?
4004 v. Chr. laut Usshers Annalen.

Folgen
Ein Leben lang jeden Tag früh aufstehen, einen Boss im Nacken haben, malochen und kaum über die Runden kommen, Krankheiten ... kurz gesagt, Ärger, wirklich nur Ärger.

Kaum hatten wir einen Fuß in diese Welt gesetzt, tappten wir schon in die erste große Falle. Nach christlicher, jüdischer und muslimischer Überlieferung waren Adam und Eva die ersten Menschen, die auf dieser Welt lebten. Hier hatten sie nur eine einzige Aufgabe: „Seid fruchtbar und mehret euch." Der Wohnsitz lag im Garten Eden, mitten im Paradies – ein echter Hit. Ewig Urlaubmachen in einem Fünfsternehotel, umgeben von Natur, ohne jegliche Krankheit und vor allem ohne Arbeit! Kann man sich mehr wünschen? Der Schöpfer stellte nur eine winzig kleine Bedingung: Wollt ihr nicht aus dem Paradies vertrieben werden, dürft ihr keine der verbotenen Früchte vom „Baum der Erkenntnis von Gut und Böse" essen.

Eigentlich wäre es leicht, eine solche Vorschrift zu befolgen, doch nach religiösen Überlieferungen kam der auf menschliche Schwächen spezialisierte Teufel (auch Satan oder Schaitan) als Schlange in den Garten Eden, verführte Eva und überredete sie, das Verbot ihres Chefs zu missachten. Und ... wir ahnen es schon ... er kam damit durch! Unsere Ur-Mutter fiel auf ihn herein, biss gierig in die verbotene Frucht und, damit nicht genug, verleitete auch Adam zum gemeinsamen Schmaus.

Eva lädt Adam spielerisch zum Biss in den Apfel ein. Wer könnte da schon widerstehen? Wie ungezogene Kinder konnten sie sich trotz der angedrohten Folgen nicht an das Verbot ihres Schöpfers halten. Muss der Rest der Menschheit für diesen harmlosen Fehler bezahlen? Hier scheiden sich die Geister, denn nicht alle glauben das.

Da haben wir den Salat

Gott machte seine Drohung wahr, bestrafte die sündigen Menschen, vertrieb unsere Ur-Ur-Ur-Ahnen aus dem Paradies und gab ihnen noch ein Päckchen voll menschlicher Plagen mit auf den Weg: Tod, Schmerz, Scham und Arbeit (die Grundlagen unserer Zivilisation). Gottes Zorn war riesig: „Im Schweiße deines Angesichts sollst du dein Brot essen, bis du zurückkehrst zum Ackerboden, von dem du ja genommen. Denn Staub bist du, zum Staub musst du zurück" (Gen 3,19) oder „Unter Schmerzen gebierst du Kinder" (Gen 3,16).

Dieser Fehltritt ist in den drei abrahamitischen Religionen als Ur- oder Erbsünde bekannt, wird aber jeweils

Eine Skulptur an der Fassade von Notre-Dame zeigt die sich von unten nach oben windende Schlange mit dem verführerischen Oberkörper einer Frau und damit mehr als unverblümt, dass der weiblichen Gattung gleich eine Doppel-Schuld am Sündenfall zukommt, der – da sind sich alle Religionen einig – die Menschheit in ewiges Leid gestürzt hat.

sehr unterschiedlich ausgelegt. Während die Bibel in erster Linie Eva beschuldigt, von der verbotenen Frucht gegessen zu haben, tragen laut Koran beide gleichermaßen Schuld am Sündenfall, der mit der Strafe, also der Vertreibung aus dem Paradies, wieder abgegolten ist. Der Islam verurteilt die menschliche Natur als solche nie und lehnt es auch explizit ab, dass man kollektiv für die Fehler anderer zahlen muss: „Niemand kann die Last eines anderen tragen" (Sure 17, Vers 15).

Das sagt die Wissenschaft

Unabhängig davon, was die heiligen Schriften tradieren, stimmt die Wissenschaft darin überein, dass wir evolutionär einen gemeinsamen männlichen und weiblichen Vorfahren haben, ähnlich wie auch in den Religionen beschrieben. Die wissenschaftliche Eva wird als mitochondriale Eva bezeichnet – eine afrikanische Frau, aus deren DNA in den Mitochondrien die mitochondriale DNA aller heute lebenden Menschen hervorging. Genauer gesagt: Nur Eva hat die mtDNA, die sie bis heute in direkter Linie an die Töchter vererbt, und ist somit die Vorfahrin der gesamten heutigen Bevölkerung. Aber was sind Mitochondrien? Das sind Zellorganellen, die nur die Mutter an die Kinder weitergibt. Und was sind Zellorganellen? Nach einer Theorie der Genetiker entstand die Gattung des modernen Menschen *(homo sapiens)* vor etwa 100 000 bis 200 000 Jahren in Afrika.

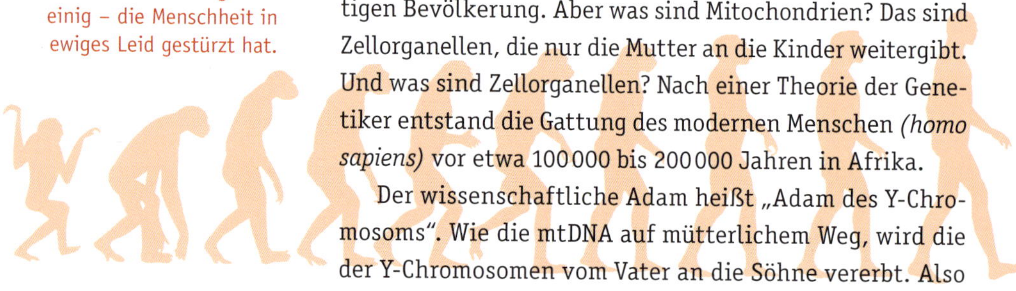

Der wissenschaftliche Adam heißt „Adam des Y-Chromosoms". Wie die mtDNA auf mütterlichem Weg, wird die der Y-Chromosomen vom Vater an die Söhne vererbt. Also stammen alle auch vom selben Vater ab.

An welchem Punkt der Evolution kam der Mensch auf die Idee, nicht mehr blind zu gehorchen, eigene Intelligenz zu entwickeln und sich vom Baum der Erkenntnis abzuwenden?

Die verbotene Frucht

Aber zurück zur unerlaubt vernaschten Frucht. Wer hier nur an einen Apfel denkt, macht einen großen Fehler! In den heiligen Schriften wurde nie eine bestimmte Art der

Frucht spezifiziert. Die Bibel sagt: „Da sah die Frau, dass es köstlich wäre, von dem Baum zu essen, dass der Baum eine Augenweide war und dazu verlockte, klug zu werden. Sie nahm von seinen Früchten und aß; sie gab auch ihrem Mann, der bei ihr war, und auch er aß" (Gen 3,6). Also kein Wort von Apfel. Dieses Missverständnis entstand im Mittelalter, weil der lateinische Begriff *malum* sowohl für „Apfel" als auch für „böse" steht. Zudem ist der Apfel eine der ersten Früchte, die bereits 1200 v. Chr. in Kleinasien angebaut wurden. Von allen möglichen Kandidaten für die verbotene Frucht haben sich Bibelwissenschaftler auf die Feige geeinigt. Sie stützen sich vor allem darauf, dass Adam und Eva sofort nach dem Probieren der Frucht ihre Nacktheit erkannten, die sie mit Blättern vom selben Baum bedecken wollten: „Sie hefteten Feigenblätter zusammen und machten sich einen Schurz" (Gen 3,7). Tatsächlich zeigen viele mittelalterliche Miniaturen die beiden beim Pflücken einer Feigenfrucht.

Hebräische Gelehrte tendieren aufgrund historischer Hinweise eher zum Granatapfel. Diese runde köstliche Frucht mit ledriger Schale und voller saftiger roter Samen wurde im alten Ägypten bereits in der Zeit vor Moses angebaut.

Feige oder Apfel? Gut möglich, dass der Baum der Versuchung ein Feigenbaum war und seine Blätter gleich als erste Kleidung dienten. Oder war es doch ein Granatapfelbaum? Nun ja, seine Blätter wären jedenfalls zu klein.

Wann ist das alles passiert?

Im 17. Jh. erlaubte sich der anglikanische Erzbischof James Ussher (1581–1656), ein Datum für die Geburt der Menschheit festzulegen. Gemäß seiner berühmten Chronologie *Annales veteris testamenti, a prima mundi origine deducti* (Annalen des Alten Testaments, hergeleitet von den frühesten Anfängen der Welt) fand der Schöpfungsakt am Vorabend des 23. Oktober im Jahr 4004 v. Chr. des Julianischen Kalenders statt. Und wie kam er auf dieses exakte Datum? Damals war der Glaube weit verbreitet, dass die Erde insgesamt 6000 Jahre besteht (4000 Jahre vor Christi Geburt und 2000 danach). Einer Anregung des deutschen Astronomen

James Ussher datierte die Geburt der Menschheit auf den 23. Oktober 4004 v. Chr.

Johannes Kepler (1571–1630) folgend, deutete Ussher die von den Astronomen dieser Epoche untersuchte Verdunkelung des Himmels während der Kreuzigung Jesu als Sonnenfinsternis. Danach machte er seine Berechnung und verlegte dann den Schöpfungstag um vier Jahre zurück auf das merkwürdige Datum von 4004 v. Chr.

Nach diesen Berechnungen wäre das Ende der Welt 1997 gekommen, aber zum Glück ging da wohl etwas schief ... Mutig legte Ussher auch für andere biblische Ereignisse genaue Daten fest. Hier die markantesten:

- 4004 v. Chr.: die Schöpfung
- 2348 v. Chr.: die Sintflut
- 1491 v. Chr.: der Auszug aus Ägypten

Die griechische Version

Der Ur-Fehler von Adam und Eva hat durch alle Zeiten hindurch für viel Wirbel gesorgt. Eine ergiebige Geschichte, die von den Griechen im berühmten Mythos der Pandora, dem Alter Ego der Eva oder ersterschaffenen Frau, wiederbelebt wurde, aber mit etwas komplexeren und sogar reißerischen Details. Dem Mythos zufolge lebten die Menschen wie Könige im Garten Eden. Sie waren unsterblich, arbeiteten und alterten nie. Natürlich hatten sie auch kein eigenes Wissen und lebten (dumm, aber glücklich) unter der Fuchtel von Zeus zum Gefallen der Götter. Diese hatten alles bestens im Griff, bis Prometheus ihnen das Feuer

Wo bitte schön liegt Eden?

Nach der Bibel war Eden ein Obst- und Gemüsegarten, der sich „im Osten" befand, in einer Region, die wir heute als den Mittleren oder Nahen Osten kennen.

In diesem Garten entsprang ein Strom, der sich in vier Hauptflüsse teilte: Pison (umfloss das ganze Land Hawila), Gihon (umfloss das Land Kusch, das heutige Äthiopien), Hiddekel (Tigris) und den Fluss Euphrat. Was für eine geographische Anomalie. Die Lage des traditionellen Garten Eden ist unbekannt – er könnte sich im jetzigen Irak, in Jordanien, sogar in der Türkei oder in Armenien südlich des Vansees in der Nähe vom Berg Ararat befunden haben. Man glaubt, dass die Sintflut Jahre später den mythischen Garten verschwinden ließ und somit seine exakte Lage für immer unbekannt bleiben wird. Der einzige Hinweis auf sein Vorhandensein, der geblieben ist, steht in der Bibel selbst (Gen 2,15). Trotzdem wurde der Garten Eden im Laufe der Geschichte auch anderswo verortet, wie auf dem Berg Safon (Syrien), in Hebron (Palästina) oder sogar in Jerusalem.

stahl und es zusammen mit Vernunft und Verstand den Menschen brachte.

Zeus wurde wütend. Zur Strafe schickte er uns die schöne und verführerische Pandora, die ein geheimnisvolles Gefäß (die Büchse war eine Erfindung der Renaissance) mitbrachte. Und was war darin? Nicht weniger als alle Übel der Welt: Neid, Hass, Gier, Armut und der Tod. Tolles Geschenk! Um Pandoras todbringenden Reiz zu erhöhen, stattete Hermes sie auf die Bitte von Zeus hin auch mit Lüge, Falschheit und krankhafter Neugier aus. Sie wurde eindringlich gewarnt, die Büchse keinesfalls zu öffnen, und dann zu den Menschen gebracht. Doch sie konnte genau wie Eva der Versuchung nicht widerstehen und öffnete ihr Mitbringsel, sodass alle darin enthaltenen Übel in die Welt kamen. Pandora schloss den Behälter auch wieder, aber zu spät: Sämtliche Plagen waren freigesetzt und nur die Hoffnung blieb im Gefäß zurück.

Das Bild auf der gegenüberliegenden Seite zeigt den angeketteten Prometheus. Der griechische Held stahl den Göttern das Feuer, eine Metapher für das Wissen, und brachte es den Menschen. Sein Mut wurde von Zeus bestraft, der ihn an einen Felsen ketten ließ, wo er hilflos ausharren musste, während jeden Tag ein Adler kam und von seiner Leber fraß. Die griechische Hölle ist also von der christlichen nicht weit entfernt.

Geschenk oder Falle?

FEHLER: Ein hohles Holzpferd, in dem bis zu den Zähnen bewaffnete feindliche Soldaten sitzen, als Geschenk annehmen.

Wer?
Die Trojaner.

Wann?
Etwa 1194–1184 v. Chr.

Folgen
Die Zerstörung Trojas durch die Griechen.

„Krieger entstürmen dem Ross, das hoch inmitten der Mauern ragt, und Sinon erregt hohnvoll als Sieger Verwirrung rings durch den Brand, und es ziehn durch die doppelt geöffneten Tore alle die Tausende, die von der großen Mykenai gekommen. Andere setzen mit feindlichem Schwert in den Engen der Wege lauernd sich fest; es starret der Stahl mit funkelnder Spitze blank zum Morde bereit; kaum stellen zuerst an den Toren noch sich die Wachen zur Wehr und halten im blinden Gefecht stand."

Aeneis, *Publius Vergilius Maro*

Paris entführt Helena nach Troja und damit beginnt das Desaster. Bald kamen Achilles und der geniale Odysseus, der die Idee mit dem Pferd hatte.

Wer nimmt schon ein Geschenk von seinem meist gefürchteten Feind an und bewahrt es zu Hause auf? So ist es etwa um das 12. Jh. v. Chr. herum im berühmten Trojanischen Krieg geschehen, obwohl nicht ganz klar ist, ob dieser nur in der Mythologie oder tatsächlich stattgefunden hat. Die meisten Kriegsereignisse sind durch die von Homer verfassten Epen *Ilias* und *Odyssee* weitgehend bekannt. Dem griechischen Autor zufolge soll es sich um eine Strafexpedition seitens der Griechen gehandelt haben. Grund für den Krieg war die Entführung von Helena, der Frau des Königs Menelaos von Sparta, durch Paris, den Prinzen von Troja.

Doch fernab der Legenden und Mythen war Troja in Wahrheit eine kommerziell und strategisch wichtige Stadt, von der die Griechen schon lange Besitz ergreifen wollten. Troja hatte die Kontrolle über die Dardanellen, die das Mittelmeer mit dem Schwarzen Meer verbinden, sowie über die Küsten von Kleinasien.

Aufgrund dieser Lage konnten die Trojaner ein Handelsmonopol ausüben und standen somit einer mykenischen Expansion im Wege. Daher liegt die Vermutung nahe, dass hinter dem Angriff der Griechen eher wirtschaftliche als emotionale Interessen steckten.

Der Raub der Helena

Aber zurück zum Mythos, denn er ist äußerst aufschlussreich. Homer zufolge begann das Durcheinander mit der Hochzeit von Peleus und Thetis. Zur Feier waren alle Götter eingeladen, nur eine nicht: Eris, die Göttin der Zwietracht. Voller Zorn erschien sie dennoch und warf einen goldenen Apfel (den berühmten Zankapfel) mit der Aufschrift „Für die Schönste" mitten unter die Gäste. Sofort entbrannte ein Streit zwischen Hera, Athene und Aphrodite, denn jede beanspruchte den Titel für sich. Schließlich sprach Zeus ein Machtwort und benannte den jungen Paris (Sohn des Königs Priamos) als Schiedsrichter, der die schönste der drei Göttinnen auswählen sollte. Als Bestechung versprach ihm Aphrodite die Liebe der weltschönsten sterblichen Frau, falls die Wahl auf sie fallen sollte, und Paris ließ sich ködern. Die Göttin nahm den Jüngling mit nach Sparta und stellte ihn Helena, der Gattin von König Menelaos, vor. Paris nutzte die Abwesenheit des Monarchen und entführte die Schöne nach Troja. Nach seiner Rückkehr mobilisierten der gehörnte König von Sparta und sein Bruder Agamemnon, König von Mykene, verbündete Fürsten aus ganz Griechenland (Spar-

Aphrodite steckte hinter der unglücklichen Geschichte von **Troja.** Aber was scheren sich die Götter schon um ein paar Tote mehr oder weniger?

Das Trojanische Pferd musste aus Holz, ausreichend groß und stabil genug sein, damit in ihm ein Trupp Männer Platz fand, und es musste schön und kostbar aussehen, damit keiner auf die Idee kam, es zu verbrennen.

ta, Argos, Pylos, Kreta, die Böotier, das Königreich von Phthia, Thessalien, Ithaka, Athen und Salamis) und erklärten den Trojanern den Krieg. Unter der Heerführung von Agamemnon machten sich 15 000 Krieger auf etwa 300 Schiffen vom Hafen Aulida aus auf den Weg, um Troja zu erobern.

Achilles verbindet Patroklos, seinen Waffenbruder, Freund, Liebhaber und Hauptgrund seines Zorns auf den Feind.

Wenn Kraft nicht reicht ...

Die Griechen dachten, mit ihrem mächtigen Heer wäre der Sieg ein Kinderspiel. Aber das Ganze zog sich ewig hin und mittlerweile dauerte die Belagerung der Stadt stolze 10 Jahre! Sie wollten nicht länger warten und ersannen eine List. Odysseus, der König von Ithaka, schlug vor, ein riesiges hölzernes Pferd zu bauen, in dem sich eine Horde Krieger verbergen konnte. Der Rest des griechischen Heeres täuschte seinen Abzug vor und ließ das Pferd als vermeintliches Geschenk für die Trojaner zurück.

Agamemnon bedeutet „hartnäckig". Der Bruder des Menelaos und Nachkomme des verfluchten Atreus leitete den Angriff.

Erbauer des berühmten Machwerks war Epeios. Versteckt in der rechten Flanke des Pferds war eine Einstiegsluke und eingraviert auf dieser stand der Satz: „Die Griechen weihen dieses Dankopfer der Göttin Athene für eine sichere Heimfahrt nach zehn Jahren Abwesenheit." Ein Grieche namens Sinon überzeugte die Trojaner vom Weihgeschenk. Die gottesfürchtigen Trojaner glaubten den Schwindel. Sie zogen also das Pferd in die Stadt und mussten, weil es so groß war, sogar Teile der Stadtmauer einreißen. In der Nacht krochen die Griechen aus ihrem Versteck und öffneten die Stadttore für ihre Truppen.

Die Stadt wurde geplündert und zerstört, Menelaos bekam seine Helena wieder und ging mit ihr nach Sparta zurück. Der Sage nach segelten die wenigen überlebenden Trojaner (angeführt von Äneas) auf die Halbinsel Italien, wo sie zu Urahnen der Gründer Roms wurden.

Eine wertvolle Entdeckung

Diese schöne, aber unwahrscheinliche Geschichte gewann auf einmal an Glaubwürdigkeit, als ein reicher Preuße namens Heinrich Schliemann einen großen Teil seines Vermögens investierte, um die verschwundene Stadt Troja zu finden. Ins Rollen kam das Ganze 1870 durch ein Team von Archäologen, das unter der Leitung von Schliemann auf dem am Rande einer Landzunge in der Ägäis, zwischen den Dardanellen und dem Golf von Edremit (Türkei), gelegenen Hügel Hisarlik zu graben begann. Hisarlik ist ein künstlich aufgeschütteter Hügel, der sich im Laufe der Jahrhunderte durch die Siedlungen der verschiedenen Völker, einschließlich der Trojaner, gebildet hat. Unter Tonnen von Schutt und Ablagerungen kamen mehr als zehn verschiedene Siedlungsschichten (Troja I bis X) zum Vorschein. Man nimmt an, dass eine von diesen, wahrscheinlich Troja VII, mit dem

homerischen Ilion identisch ist. In diesen Schichten wurden auch Überreste von Skeletten, Waffen, ein Arsenal von Kieselsteinen (Munition für die Schleudern) und das mit Vorratsgefäßen bedeckte Grab eines Mädchens gefunden, das wohl eiligst beerdigt wurde, eventuell während einer Belagerung (dieser Fund zählt zu den wichtigsten Beweisen).

Die ausgrabenen Ruinen stimmen mit der Beschreibung Homers überein, wiewohl er im Hinblick auf die luxuriösen Paläste sehr übertrieben hatte, denn an sich war Troja eher eine Festung mit burgähnlichen Toren und hohen Türmen.

Das Ausgrabungsgebiet wurde 1996 zum Historischen Nationalpark und 1998 zum UNESCO-Weltkulturerbe erklärt. Auch wenn die archäologische Stätte von Troja nichts mit dem Mythos gemein haben sollte, so war sie für die UNESCO doch die Erwägung wert, „dass Teile des Kultur- oder Naturerbes von außerordentlicher Bedeutung sind und daher als Bestandteil des Welterbes der ganzen Menschheit erhalten werden müssen“.

Von wegen einfach über die Alpen marschieren

FEHLER: **Eine Alpenüberquerung zu Fuß in fünf Monaten und dabei die eigenen Männer extremen Wetterbedingungen aussetzen.**

Wer?
Hannibal Barkas (geb. 247 v. Chr. in Karthago, gest. 183 v. Chr. in Bithynien an der Schwarzmeerküste).

Wann?
Oktober 218 v. Chr.

Folgen
Der Tod von etwa 40 000 Soldaten und die Schwächung des Heeres, das dann in der Schlacht von Zama unterliegt.

„Nicht nur die Auf- und Abstiege durch Engpässe und Schluchten zu den Gipfeln der Berge haben dem Heer so zugesetzt, auch Nahrungsmittelknappheit und äußerliche Nachlässigkeit führten zur völligen Entkräftung der Körper. Es gab viele, die der Hunger und die permanente Schinderei das Leben gekostet hat. Als er an der Rhône aufbrach, hatte er ein Heer von achtunddreißigtausend Fußsoldaten und über achttausend Reiter."

Historien über die römische Republik,
Polybios von Megalopolis

In dieser Bildergeschichte von 1850 schwört Hannibal als Kind ewigen Hass auf die Römer. Als Erwachsener führte er seine Truppen in einem Wahnsinnsmarsch über die Alpen, um den Stolz der Römer zu brechen und einen Riesen aufzuwecken.

Mehr als 100 Jahre haben die Römer und die Karthager gebraucht, um ihre Streitigkeiten auszutragen … und nebenbei die unangefochtene Vormachtstellung im Mittelmeerraum zu erlangen. So schlugen sich Rom und Karthago (das

mittlerweile verschwundene Reich im heutigen Tunesien) auch gewaltig lange in den berühmten Punischen Kriegen (264–146 v. Chr.) die Köpfe ein.

Alles fing mit dem Expansionsstreben Roms und seiner Eroberung Griechenlands an, was den Karthagern nicht gefiel. Als Handels- und Seemacht beherrschte Karthago damals den westlichen Mittelmeerraum und wollte sich diese Stellung nicht streitig machen lassen.

Der Erste Punische Krieg (264–241 v. Chr.) war ein einfacher militärischer Durchmarsch des römischen Heers, das die karthagische Armee in fast allen Schlachten niedermachte. Er endete mit einem Friedensvertrag, durch den Karthago seine Macht über die strategisch wichtige Insel Sizilien an Rom abtreten musste.

Die Karthager verlagerten nun ihr Interesse an kolonialer Expansion auf *Hispania* (das heutige Spanien und Portugal). Alles ging gut, bis Hannibal im Jahr 219 v. Chr. durch den Angriff auf die mit Rom verbündete Stadt Sagunt die Römer provozierte. So begann der Zweite Punische Krieg.

Auf die harte Tour

Nach mehreren Schlachten hatte der karthagische Feldherr genug von den Kämpfen auf seinem eigenen Territorium und plante etwas, das bis dahin noch nie jemand gewagt hatte: die Römer auf ihrem eigenen Boden anzugreifen. Der schnellste Weg (von Sagunt aus) war der Seeweg, aber seit der Niederlage im Ersten Punischen Krieg beherrschten die römischen Truppen das gesamte *mare nostrum* („ihr" Mittelmeer). Also wählte Hannibal die „härtere" Tour und entschied sich, mit seinem Heer zu Fuß 2400 km über die Pyrenäen und die Alpen zu ziehen.

Für seine Alpenüberquerung – eine der bemerkenswertesten militärischen Großtaten in der Geschichte – brach Hannibal im Mai 218 v. Chr. mit 60 000 Mann (meist Soldaten iberischer Herkunft, aber auch afrikanische, keltische und

Oben: Ein römischer Soldat der Infanterie, wie er durch die Aufstellung in der Mitte der Frontlinie bei der Schlacht von Cannae ums Leben kam. **Unten:** Die Romulus und Remus säugende Wölfin.

griechische Söldner), 8000 Pferden und 50 Elefanten in Cartago Nova (heute Cartagena) Richtung Norden auf. Kaum in den Pyrenäen angekommen, fehlten ihm bereits 7000 Männer, die lieber desertierten, als sich den Strapazen der Expedition auszusetzen. Aber es sollte noch schlimmer kommen. Das erste große Hindernis war die Rhône, denn eine Flussüberquerung mit so vielen Elefanten, die während der schwankenden Überfahrt keinesfalls losstampfen durften, war eine schier unlösbare Aufgabe. Um zu verhindern, dass sich die Dickhäuter vor Angst und Panik verweigerten, wurden die riesigen selbstgebauten Flöße mit Erde und Pflanzen bedeckt, damit sich die Tiere auf festem Boden wähnten. Aber warum wollte Hannibal überhaupt Elefanten auf diesen Feldzug mitnehmen? Sie waren nicht nur beim Marsch als Lastträger nützlich, weil sie viel mehr Gewicht als ein Pferd tragen konnten, sondern auch als mächtige Kriegswaffe, die alles niedertrampeln und den Gegner allein durch ihren Anblick in Angst und Schrecken versetzen konnte.

Ein Afrikaner im Schnee

Die Expedition kam zügig voran, nicht zuletzt dank der zuvor erbetenen Hilfe und Unterstützung von Bewohnern und Stämmen jener Alpenregionen, die auf ihrer Marschroute lagen. Das Heer zog durch das Rhônetal bis Valence. Von dort rückte es in östliche Richtung weiter vor und kam Ende Oktober beim Zusammenfluss von Rhône und Isère am Fuß der gefürchteten Alpen an. Der karthagische Feldherr wollte vor dem Wintereinbruch über die Berge kommen. Aber die Expedition hatte sich verzögert und die Armee musste die steilen und gefährlichen Bergpfade unter Bedingungen bezwingen, auf die sie nicht vorbereitet war (man denke sich einen Afrikaner im 3. Jh. v. Chr., der zu Fuß über ei-

Elefanten sollten nicht vor einem eisigen Gletscher stehen, sondern in der warmen Savanne von Amboseli, Tsavo oder Kenia, wo sie auch lebten, bis Hannibal kam. Plötzlich blickten sie auf bodenlose Abgründe und karge Gräser in den kalten Alpen.

nen hohen Gipfel bei Temperaturen unter null marschieren soll, und dazu noch mit schwerfälligen Tieren, die ebenfalls noch nie Schnee gesehen hatten ...).

Da Hannibal einen Überraschungsangriff auf Rom plante, wollte er die Alpen möglichst schnell überqueren. Aber das waren keine Hügel, sondern hohe Berge, Pässe und tiefe Schluchten bei höllischen Wetterbedingungen. Der karthagische Feldherr ging dennoch weiter – bis 40 000 Soldaten und fast alle Elefanten die extremen Strapazen, den Schnee und die Lawinen mit dem Leben bezahlt hatten.

Eine der schwierigsten Etappen war die am Mont Cenis in 2081 m Höhe. Im Schnee dieses Bergmassivs kam ein Großteil der Elefanten um. Archäologen fanden dort bei Ausgrabungen während der Gletscherschmelze entsprechende Überreste von Rüsseltieren.

Ein karthagischer Soldat reitet mutlos und frierend auf einem Elefanten, der mit seinem Rüssel dessen Bündel trägt. Warum haben sie die Alpen überquert, wenn sie sich dann doch nicht getraut haben, in Rom einzufallen?

Auf in den Kampf!

Die Karthager kamen ohne große Kampfeslust in Italien an. Aber Hannibal wollte zeigen, dass sich so viele Mühen und Plagen auszahlen würden. Und das hat er geschafft! Seine Bergsteiger-Soldaten, mit Veteranen aufgefrischt, gewannen die ersten beiden Schlachten in Cannae 216 v. Chr. und am Trasimenischen See 217 v. Chr.

Doch dann unterlag die durch das alpine Wagestück geschwächte Armee in der berühmten Schlacht von Zama gegen die von Scipio Africanus geführten Legionen. Dabei gab es etwa 5000 Tote auf römischer Seite und 20 000 auf der karthagischen. Karthago musste bei dieser Niederlage nicht nur einen hohen Blutzoll zahlen, sondern in der Folge auch weitere erniedrigende Auflagen erfüllen, wie militärisch abzurüsten und die Kriegsflotte abzuschaffen. Diese ständige Demütigung der Gebeutelten endete dann mit dem Dritten Punischen Krieg (149–146 v. Chr.), bei dem die Römer Karthago und sein tapferes Volk buchstäblich dem Erdboden gleichmachten.

Auf den Spuren von Hannibal

Bis heute ist unklar, welche Route genau Hannibal bei seiner Alpenüberquerung genommen hat. Die meisten Hypothesen stützen sich auf die Texte von Polybios und Livius. Aber für alle, die sich auf den Spuren des heldenhaften Karthagers ins alpine Abenteuer stürzen möchten, hier die sechs Pässe, die Hannibal am wahrscheinlichsten nahm:

- Kleiner Sankt Bernhard
- Col de Mont Cenis
- Col de Clapier
- Col de Montgenèvre
- Col de la Croix
- Col de la Traversette

Welcher war es? Nach Ansicht der Historiker muss der Pass den Überlieferungen zufolge diverse Bedingungen erfüllen:

1. Genügend Platz, um ein Lager dieser Größe aufzuschlagen.
2. Einen Hohlweg haben, der nicht mehr als 15 bis 30 km vom Gipfel entfernt war, weil die Soldaten nach Aufbruch aus dem Lager diesen am selben Tag erreichen konnten.
3. Der Weg nach Italien muss gen Süden verlaufen.
4. Der erste Teil des Abstiegs muss schmal und steil sein.
5. Der weitere Abstieg muss weniger als 50 km lang sein, da Hannibal drei Tagesmärsche brauchte, um die Ebene zu erreichen.
6. Italien muss vom Gipfel aus (gemäß Polybios) oder vom Startpunkt des Abstiegs aus (Livius) zu sehen sein.

Der Pass, der die meisten dieser Kriterien erfüllt, ist der Col de Montgenèvre. Aufgrund der Übereinstimmungen spricht alles dafür, dass dort die berühmte Tour begann. Also – auf, auf, ihr Mutigen, ihr müsst nur noch ein paar Elefanten finden … und hoffen, dass das Wetter nicht gegen euch ist.

Liebling, geh heute nicht zur Arbeit!

FEHLER: **Trotz wiederholter Morddrohungen ohne Schutz in den Senat gehen.**

Wer?
Gaius Julius Cäsar (100–44 v. Chr.), römischer Diktator.

Wann?
44 v. Chr.

Folgen
Einer der spektakulärsten Herrschermorde in der Geschichte, anschließend Bürgerkrieg und Ausbremsen zahlloser Initiativen und Gesetze.

„Ein gewisser Wahrsager hatte Cäsar vorher gewarnt, er möge sich vor einem Tag im Monat März, welchen die Römer Idus nennen, in Acht nehmen, weil ihm an diesem eine große Gefahr bevorstünde. Cäsar, der eben an diesem Tag in den Senat ging, grüßte auf dem Weg dahin den Wahrsager und sagte mit scherzendem Spott zu ihm: Die Iden des März sind gekommen. Der Wahrsager aber antwortete leise: Sie sind gekommen, aber noch nicht vorbei."

Parallelbiographien, *Plutarch*

Julius Cäsar war ein mutiger Mann, der aber am Ende zu viel wagte. Überzeugt davon, dass ihn Fortuna nie im Stich lassen würde, ging er mit stolzgeschwellter Brust durchs Leben, bis er 44 v. Chr. von Senatsmitgliedern ermordet wurde.

Gaius Julius Cäsar wurde am 13. Juli 100 v. Chr. als Sohn einer angesehenen, aber nicht sehr betuchten Patrizierfamilie geboren. Nach seiner Heirat und der Verbindung mit einflussreichen Männern seiner Zeit (sein Onkel Gaius Marius war siebenmal Konsul) kam er schnell voran und profilierte sich als Quästor, Statthalter, Pontifex Maximus, Prätor und Konsul.

Filmplakat zu *Julius Cäsar*, einem Filmklassiker von Mankiewicz rund um die Intrigen und Verschwörungen, die zur Ermordung von Julius Cäsar geführt haben.

Zielstrebig verfolgte Cäsar seine politischen Ambitionen. Er ließ sich die Kontrolle über einige Provinzen übertragen (Gallia cisalpina, Narbonensis sowie Illyrien). Später wollte er Gallien, Britannien und Germanien erobern. Acht Jahre lang kämpften seine Truppen unentwegt gegen insgesamt 3 Mio. kampfbereite Helvetier, Gallier, Germanen und Briten. Wenn Alexander der Große aufgrund seiner Eroberungen bleibenden Eindruck hinterließ, so gilt dies für Julius Cäsar noch viel mehr, allein schon wegen der Folgen für die gesamte westliche Kultur, die mit der Eroberung und Romanisierung der Gebiete in Gallien und auf den Britischen Inseln einhergingen. Nie hatte ein einzelner Mensch einen Sieg von solchem Ausmaß errungen.

Geboren, um zu siegen

Allmählich war man in Rom über das Ansehen und die Macht von Cäsar beunruhigt. Es gab erhebliche Tumulte. Um Cäsar zur Auflösung seiner Legionen zu zwingen, fiel den Staatsmännern nichts anderes ein, als ihn des Verrats zu bezichtigen und öffentlich seinen Gang ins Exil zu fordern. Cäsar reagierte auf das vom Konsul Pompeius angeführte Manöver höchst verärgert und überquerte trotz des Verbots mit seinen Truppen am 13. Januar 49 v. Chr. den Grenzfluss Rubikon (auch Grenze der römischen Gerichtsbarkeit).

Jetzt ist er zu weit gegangen ... muss man in Rom gedacht haben. Der Bürgerkrieg, der drei Jahre dauern sollte (49–46 v. Chr.), war vom Zaun gebrochen. Noch einmal ging Cäsar als Sieger vom Platz. Zunächst nahm er Rom und Italien ein; dann kämpfte er in Spanien und schließlich gegen Pompeius, der in den Osten geflohen war. Cäsar hatte Glück, denn die Ägypter erleichterten ihm die Sache und ermordeten seinen Erzfeind. Später bekämpfte er König Pharnakes von Pontus und gab nach der rasch gewonnenen Schlacht bei Zela sein berühmtes *„veni, vidi, vici"* von sich. Vor seiner Rückkehr nach Rom besiegte er noch schnell die letzten Pompejaner in Afrika (Schlacht von Thapsus 46 v. Chr.) und in Spanien die Söhne des Pompeius (Schlacht von Munda 45 v. Chr.), womit er alle Republikaner ausgeschaltet hatte.

Nach so harter Arbeit würde sich mancher in den Vorruhestand begeben. Er aber nicht. Kaum zurück in Rom begann Julius Cäsar die Institutionen und Provinzregierungen zu reformieren, den Zugang zum römischen Bürgerrecht für alle zu erleichtern und großzügig Grundstücke unter den Veteranen zu verteilen ... Sueton erzählt uns das so:

Julius Cäsar war ein militärisches Genie. Wenn Probleme in einer Kolonie aufkamen, schickte man ihn dorthin und er regelte die Dinge prompt. Er hatte eine Art göttliche Gabe, die in einer Gesellschaft voller Verräter und Machtgieriger auch viele Neider gegen ihn aufbrachte.

> „Seinen Veteranenlegionen schenkte er als Beuteanteil: jedem Fußsoldaten, außer den zweitausend Sesterzien, die er ihnen bereits beim Beginn des Bürgerkriegs hatte auszahlen lassen, noch vierundzwanzigtausend Sesterzien. Zugleich wies er ihnen Grundstücke an, die aber nicht zusammenlagen, weil er keinen Besitzer austreiben wollte. Vom Volke schenkte er jedem einzelnen Bürger, außer zehn Scheffel Weizen und ebenso viel Pfund Öl, auch noch dreihundert Sesterzien, und überdies noch je hundert Sesterzien als Verzugszinsen. Die jährliche Hausmiete bezahlte er in Rom für alle bis zum Betrag von zweitausend Sesterzien, in Italien für alle, bei denen sie nicht über fünfhundert Sesterzien betrug. Zu der Fleischverteilung fügte er noch einen Festschmaus hinzu, und nach dem Spanischen Sieg zwei Frühstücke."

In der Schlacht war Julius Cäsar unbesiegbar. Wie konnte ein derart perfekter Stratege in solch eine Falle tappen?

Die Ausführung eines feigen Plans. Die Senatoren halten in einer Hand die Toga, in der anderen den Dolch und stürzen sich voller Zorn auf Cäsar.

Niemand wagte es, die Entscheidungen dieser Machtperson anzuzweifeln. Zum Zeitpunkt seines Todes war Cäsar eine Art Halbgott, der so pompöse Titel wie Diktator auf Lebenszeit *(dictator perpetuus)*, Zensor, Vater der Nation sowie Pontifex Maximus trug und alle Fäden in der Hand hielt. Aber etwas fehlte noch und man munkelte, dass Cäsar den Königstitel anstrebte. Das war für einige Senatoren einfach zu viel und bewog sie letztlich dazu, Pläne für einen Anschlag auf sein Leben zu schmieden.

Hüte dich vor den Iden des März!

Für seine Entscheidung, der Senatssitzung am Tag seiner Ermordung beizuwohnen, gebührt Cäsar in diesem Buch über die großen Irrtümer in der Geschichte der Menschheit ein Platz auf den ersten Rängen. Aber warum zögerte er erst und ging dann doch? Autoren wie Sueton und Plutarch schreiben von vielen Warnungen, die Cäsar im Vorfeld erhielt. Das alles waren Zeichen und schlechte Omen für diesen Tag und es fehlte nur noch ein Schild an der Saaltür mit der leuchtenden Aufschrift „Vorsicht".

In der Nacht zuvor hatte seine Frau Calpurnia von seinem Tod geträumt; ein Priester sah Omen und warnte ihn mit den berühmten Worten: „Hüte dich vor den Iden des März!", Freunde baten ihn, der Senatssitzung an diesem Tag fernzubleiben … Aber Cäsar hörte lieber auf seinen Freund und späteren Mörder Marcus Junius Brutus, der ihm riet: „Vertraue auf deine eigene Kraft, du bist kein Feigling." So lief Cäsar in seinen Untergang. Auf dem Weg zum Senat traf er den Priester und machte sich über ihn lustig. Trotz aller Verdachtsmomente traf Cäsar keine Vorkehrungen und lehnte sogar jede Schutzmaßnahme ab.

Der Tag des Attentats

Kaum im Senat angekommen, ging alles sehr schnell. Als Erster trat Lucius Tullius Cimber (Statthalter von Bithynien und Pontus) mit der vordergründigen Bitte, die Verbannung seines Bruders aufzuheben, an Cäsar heran und zerriss ihm die Toga. Das war das verabredete Zeichen für die mordlustigen Senatoren, sich auf Cäsar zu stürzen. Sie stachen wild auf ihn ein, verletzten sich dabei sogar gegenseitig. Der erste Stich, der ihn traf, kam von Publius Casca und es folgten bis zu 23 weitere.

Blutüberströmt und voller Wunden erhob sich Cäsar würdevoll und rückte seine Toga zurecht, damit beim Hinsinken seine Beine nicht entblößt wurden, und einem tausendjährigen Brauch folgend, bedeckte er seinen Kopf mit dem Gewand, um das Gesicht seiner Mörder nicht sehen zu müssen, die weiter auf ihn einstachen, bis er vor der Statue seines alten Feindes Pompeius niedersank.

Die Senatoren sind in Aufruhr, sie wollen dem Streben von Cäsar nach absoluter Macht und Alleinherrschaft ein Ende setzen – aber sie werden die Tyrannen nicht los. Auch in den kommenden Jahrhunderten wird Rom von Kaisern regiert werden, die auf den Pfaden des großen Julius Cäsar wandeln. Die Republik war definitiv tot.

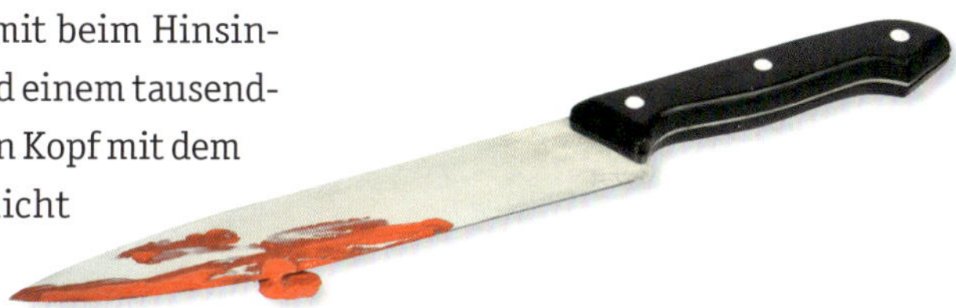

Grönland, von wegen das grüne Land

FEHLER: Hunderte von Menschen unter falschen Voraussetzungen auf Schiffe locken und sie in ein unbewohnbares Land schippern lassen.

Wer?
Erik „der Rote" (950–1003).

Wann?
985.

Folgen
Der Tod von mehr als der Hälfte der künftigen Siedler bei einer der größten Arktis-Expeditionen in der Geschichte.

Manche Wikingerschiffe wurden auch „Drachenschiff" genannt, weil ein Kopf dieser mythischen Kreatur als Symbol der Kraft und Macht den Vordersteven zierte.

„Im nächsten Sommer segelte er zurück nach Island und kam am Breidafjord an. Er schwärmt von den neu entdeckten Siedlungsplätzen und nennt sie Grönland (Grünland), um sie seinen Landsleuten schmackhaft zu machen, weil er sich sagte, sie werden mit ihm lieber an einen Ort ziehen, der einen attraktiven Namen hat."

Die Saga von Erik dem Roten,
Anonymus (13. Jh.)

Die Wikinger trugen Lederhelme in der Schlacht, ohne Tierhörner. Dieser zusätzliche Schmuck war rar und teuer, daher konnten sich diesen nur Adelige leisten.

Entweder waren die Wikinger farbenblind oder von der Hoffnung, in den dürren Gebieten von Grönland ein grünes Paradies zu finden, völlig benebelt. Jedenfalls gaben sie der weltgrößten Insel den Namen „Grünland" – kein schlechter Witz für dieses damals autonome, heute zu Dänemark gehörige Land, dessen Fläche auch jetzt noch zu 80 Prozent von einer dicken Eisschicht bedeckt ist.

Erik Thorvaldsson (alias Erik der Rote, wahrscheinlich aufgrund seiner Haarfarbe), um das Jahr 950 in Rogaland

Der Nordpol, wie man sich ihn im 17. Jh. vorgestellt hat. Es handelt sich um die erste bekannte Landkarte der Arktis. Vier Flüsse trennen die Polarländer und Grönland erscheint kleiner, als es tatsächlich im Verhältnis zu Island ist. Zudem fällt auf, wie dicht alles beieinanderliegt.

(Norwegen) geboren, hatte immer den Ruf, ein schlimmer Haudegen und Raufbold zu sein. Und das lag bereits in der Familie. Da sein Vater Thorvald einen Mord begangen hatte, mussten er und seine ganze Sippe das Land verlassen und kamen so auf ihrem Weg in die Verbannung nach Island, wo sie sich niederlassen wollten. Aber die neuen Nachbarn hatten etwas dagegen und so folgte Erik der Familientradition und löschte nach einigen Kämpfen zwei von ihnen aus. Er wurde zu drei Jahren Verbannung verurteilt und musste „aus der Verbannung in die Verbannung" gehen.

Eine gute Marketingkampagne

Erik hatte schon davon gehört, dass ein neues Land westlich von Island gesichtet worden war. Da er nichts zu verlieren hatte, machte er sein Boot flott und segelte von Snaefellsnes aus los. Drei Wochen später kam er in einer gewaltigen unbewohnten Einöde an: Grönland.

Hier blieb er drei Jahre, bis er mit der Absicht, sofort zurückzukehren, wieder nach Island ging. Es war nicht leicht, die zukünftigen Siedler zu überzeugen sowie genügend Nutztiere und Material für die endgültige Abwanderung einzusammeln. Um die Leute zu ködern, erwähnte er in jedem Gespräch die Bezeichnung „Grünland". Der Name war zwar übertrieben, aber nicht ganz unrealistisch, denn zu dieser Zeit herrschte ein wärmeres Klima, die sogenannte Mittelalterliche Warmzeit, aber Erik wollte vor allem, dass er besser klang als Island (also „Eis"land, denn *nomen est omen*). In Island war der Wohnraum sehr knapp und der Mangel an Fläche überzeugte letztendlich 700

Wagemutige. Gemeinsam stachen sie im Frühjahr 985 verteilt auf 25 Schiffe in See, aber die raue Witterung und die Strapazen der Überfahrt kosteten viele das Leben. Nach Grönland schafften es auf den wenigen Booten, die nicht im Nordatlantik versunken waren, letztlich nur 300 Siedler. Kaum angekommen sahen sie sofort, dass das gelobte Land gar nicht so lobenswert war, doch da sie in Island keinen Platz mehr hatten (oder keine Kraft für die Rückreise), gründeten sie zwei Siedlungen: Vestribyggd (die westliche, beim heutigen Godthåb) und Eystribyggd (die östliche, bei Julianehåb), in der Erik seinen Hof Brattahlid hatte. Hier regierte er seine Kolonien als unangefochtener Oberhäuptling, eine respektable Position.

Bald übernahm der Sohn von Erik dem Roten (Leif Eriksson) das Kommando über die Bevölkerung, die sich vom alten Wikinger betrogen fühlte und sauer auf ihn war. In ihrer Blütezeit zählten die Siedlungen 5000 Einwohner. Während der Sommer fuhren die Männer über das Nordmeer auf der Suche nach Essensvorräten – auch Robben, Walrosszähne und Wale konnte man brauchen. Erik der Rote starb 1003 als Opfer einer Epidemie, die unter den Siedlern grassierte. Doch der endgültige Untergang der Kolonie wurde durch die 1348 wütende Pest besiegelt. Es wird auch angenommen, dass sich die Siedler in der sogenannten Kleinen Eiszeit des 14. Jh.s den extremen Temperaturen nicht anpassen konnten und durch die Schwächung den Inuits zum Opfer fielen.

Bei Ausgrabungen in Brattahlid (heute Qassiarsuk) wurden einige Spuren dieser Siedlung gefunden, wie die Reste einer Kirche und fast 150 Skelette von kräftigen großen Menschen, die wohl Skandinavier waren.

Ein sehr junger Erik der Rote sucht den Horizont ab und hält Ausschau nach dem, was ihm die Zukunft wohl bringen wird.

Ist heute Weltuntergang … oder doch nicht?

FEHLER: Irgendein soziales, wirtschaftliches oder natürliches Phänomen als Vorzeichen für den Weltuntergang interpretieren.

Wer?
Alle Gläubigen im christlichen Europa.

Wann?
31. Dezember 999.

Folgen
Abergläubische Panik in halb Europa.

„Dann sah ich einen Engel vom Himmel herabsteigen; auf seiner Hand trug er den Schlüssel zum Abgrund und eine schwere Kette. Er überwältigte den Drachen, die alte Schlange – das ist der Teufel oder der Satan –, und er fesselte ihn für tausend Jahre. Er warf ihn in den Abgrund, verschloss diesen und drückte ein Siegel darauf, damit der Drache die Völker nicht mehr verführen konnte, bis die tausend Jahre vollendet sind. Danach muss er für kurze Zeit freigelassen werden."

Apokalypse (Offenbarung des Johannes 20,1–4)

Tanz der Skelette in das Jahr 1000, ein gutes Datum für den Weltuntergang. Es ist eine runde Zahl und immerhin hat die Erde tausende Male die Sonne umkreist. Wenn aber nichts passiert, muss man wiederum 1000 Jahre und viele weitere Generationen lang warten.

Ehe man sich versieht, meldet sich ein Erleuchteter zu Wort, prophezeit das Ende und bringt die ganze Welt zum Zittern! Verheerende Plagen, Feuerregen, der Antichrist, Sonnenfinsternisse oder Kometen, die über uns hereinbrechen. Aber das war nicht der Punkt. Es ging vielmehr darum, ein konkretes Datum zu benennen (das verleiht Glaubwürdigkeit), sich prophetisch zu gebärden und der Welt ein hoffnungsvolles Ende zu versprechen.

Hallo Jahr 1000! Die Vorzeichen haben sich nicht erfüllt und die Posaunen der Apokalypse tönen stattdessen in den Himmel, um das neue Jahrtausend zu begrüßen.

Zur Zeit der Wende vom Jahr 999 auf 1000 zu leben war nicht leicht; genau genommen war es viel leichter zu sterben: Epidemien, Kriege, Hungersnöte ... all das dezimierte eine von Angst beherrschte Bevölkerung, die zudem schlecht informiert war. Man konnte nur auf dem Markt, in der Sonntagsmesse oder durch öffentliche Bekanntmachungen von solchen Vorfällen erfahren.

Wiktor Wasnezow zeigt in seinem Gemälde *Die apokalyptischen Reiter* die bekannten vier Sinnbilder für Sieg, Krieg, Hunger und Tod.

Apropos Obrigkeit: Um die Jahrtausendwende lag das *dominium mundi* (die Weltherrschaft) in Europa ganz in den Händen des Heiligen Römischen Reiches (regiert von Otto III.) sowie des Heiligen Stuhls (unter Papst Silvester II.). Von beiden sind ziemlich viele Schriften erhalten und es scheint, dass sie über das vermeintliche Ende der Welt nicht besonders besorgt waren. Da hatten die Gläubigen allerdings einen ganz anderen Kurs eingeschlagen und das Warten auf das vorgezogene Jüngste Gericht fanden sie bestimmt nicht lustig. Sie waren die Opfer der vereinten Visionäre, die aufgrund angeblicher Zeichen, die aber nur sie selbst sahen, wilde Prophezeiungen in die Welt setzten.

Der Chronist Rodulfus Glaber schrieb 1048:

> „Nach den vielen Zeichen, die dem Jahrtausend direkt vorhergegangen sind, fehlte es nicht an einfallsreichen Männern, die bedeutende Ereignisse in Bezug auf die Nähe des Millenniums verkündeten … Die Welt als Ganzes wurde Opfer dieser verheerenden Geißel aufgrund der Sünden der Menschen … Wie viel Schmerz, wie viele Tränen, wie viel Wehklagen … Man glaubte, dass die Ordnung der Elemente und der Jahreszeiten, die von Anbeginn in den vergangenen Jahrhunderten herrschte, für immer ins Chaos zurückgefallen und dass dies das Ende des Menschengeschlechts sei."

Sogar Papst Silvester II. zählte zu den Schuldigen der Endzeitpropheten. Der erste französische Papst in der Geschichte (geb. 945 in der Auvergne, gest. 1003 in Rom) war ein Universalgelehrter: Theologe, Philosoph, Mathematiker und Erfinder. Er ging in die Geschichte ein, als derjenige, der die arabische Zahlschrift in Europa eingeführt, Abakus und Astrolabium verwendet, sowie Wasseruhren, ungewöhnliche Kryptogramme und weitere seltsame Dinge erfunden hat, die

Der Pakt mit dem Teufel bedeutete, Macht, Jugend und Reichtum als Gegenleistung für den Verkauf der eigenen Seele zu erhalten. Ein Papst verkaufte noch etwas mehr: die Seelen vieler seiner Gläubigen. Silvester II. wurde beschuldigt, das baldige Ende der Welt propagiert zu haben.

ihm den Beinamen „Zauberer-Papst" einbrachten. Da sein Pontifikat in die Zeit der Jahrtausendwende fiel, wird er mit der weitverbreiteten abergläubischen Angst, die in Europa gegen Ende des Jahres 999 das Leben bestimmte, in Verbindung gebracht. So drückt es Victor Hugo in seiner Gedichtsammlung *La légende des siècles* (1859) aus. Radikalere Autoren wie der Chronist Wilhelm von Malmesbury behaupten sogar, dass Silvester II. den Stuhl Petri nur durch einen Pakt mit dem Teufel besteigen konnte! Er fügt aber an, der Papst hätte zum Zeitpunkt seines Todes Reue verspürt und angeordnet, dass sein Körper in Stücke geschnitten und nicht an einem heiligen Ort begraben werden solle … Dieser Mythos hielt sich fast sieben Jahrhunderte, bis 1648 beschlossen wurde, sein Grab zu öffnen, um der Geschichte ein Ende zu setzen. Man fand Silvester II. mit der Mitra auf dem Kopf, gefalteten Händen und mit nicht zerstückeltem, nahezu unversehrtem Körper.

Merke: Trotz dieser komischen Fratze muss man den Teufel, mit dem die Christen jahrhundertelang terrorisiert wurden, dennoch ernst nehmen.

Frohes Neues Jahr

Mit solchen Untergangsfantasien der Chronisten konfrontiert, war es nicht verwunderlich, dass das Volk sich Sorgen machte. Die Apokalypse des Apostels Johannes war gültiger denn je und seine prophetischen Visionen schienen gehäuft einzutreffen. Am Ende des 10. Jh.s wurde jeder ungewöhnliche Umstand als ein bedrohliches Omen interpretiert: so etwa eine als „Böses Feuer" bezeichnete Epidemie, die 997 in Norditalien auftrat und ein

Brennen in den Extremitäten verursachte, die großen Hungersnöte aufgrund einer Reihe von Missernten, die Adelskriege zwischen Frankreich und Italien, die Normanneneinfälle oder irgendein Naturphänomen wie der Meteorit, der im Jahr 1000 drei Monate lang am Himmel über Europa sichtbar blieb. Das alles wurde in den üblichen Ritualen der Menschen tendenziell übertrieben (Liturgien, Gebete, Predigten ...)

Langsam machte sich die Erkenntnis breit, dass alle Geschehnisse auf die Sünden der Menschen zurückzuführen wären. Und natürlich hielt der Aberglaube Einzug in jedes Haus, bis die 12 in der Nacht vom 31. Dezember 999 erschien. Viele von ihnen haben in den Kirchen Zuflucht gesucht, um dort auf die Ankunft des Antichrist zu warten. Doch der war offenbar mit anderen Dingen beschäftigt, denn als die Nacht vorüber war, erwachte die Welt am 1. Januar 1000 so gut (oder schlecht) wie eh und je. Vermutlich brauchten die meisten einige Zeit, um das alles zu verdauen. Die Menschheit konnte getrost auf die nächste Jahrtausendwende warten ... bei der dann nur das Computerchaos und seine Folgen prophezeit wurden.

Das Jüngste Gericht von Hans Memling aus dem 15. Jh. Beim zwölften Glockenschlag hätten sie die Champagnerkorken knallen lassen können, wenn Dom Pérignon nicht erst ein paar Jahrhunderte später geboren worden wäre.

Hat jemand eine Wasserwaage?

FEHLER: Den Turm von Pisa auf sandigem Boden ohne ausreichend stabiles Fundament bauen.

Wann?
1173-1999 in Pisa.

Wer?
Bonanno Pisano, Bildhauer und Architekt.

Folgen
Immer stärkere Neigung des Schiefen Turms bis zu einer Abweichung von 4,47 m bezogen auf das Fundament. Auf der anderen Seite ein sehr lukrativer Fauxpas, der jedes Jahr Millionen von Besuchern anzieht.

Aufgrund seiner strategisch günstigen Lage war der von den Griechen im 5. Jh. v. Chr. angelegte Hafen von Pisa ein bedeutender Umschlagplatz für Waren … und Geld. Einwohner und Kaufleute lebten dank blühender Geschäfte mit der Toskana, Sardinien, Korsika sowie den französischen und spanischen Küstengebieten auf großem Fuß. Geld und Macht gingen schon immer Hand in Hand und so entwickelte sich Pisa zu einer mächtigen Seerepublik, eroberte im 11. und 12. Jh. Territorien und gründete Stützpunkte in Antiochia, Tripolis, Konstantinopel, Alexandria und Kairo. Der Höhepunkt der Macht kam mit dem Sieg über die Sarazenen bei Palermo. Die Beute war so reichlich, dass die Pisaner beschlossen, eine würdige Kathedrale für ihre so einflussreiche Stadt bauen zu lassen. Sie planten einen luxuriösen Komplex aus vier Bauwerken: Kathedrale (der Dom selbst), Taufkapelle, Glockenturm und Friedhof. Mutig wie sie waren, fingen sie gleich an.

An den ausgetretenen Treppen sieht man deutlich, dass die Besucher im Laufe der Jahrhunderte Spuren hinterlassen haben. Je stärker der Turm sich neigte, desto mehr Besucher zog er an. Die Welt schien verrückt geworden zu sein, so eklatant unterschätzten die Italiener die Gefahr.

An die Arbeit

1063 begann der Architekt Buscheto mit den Arbeiten am Dom Santa Maria Assunta mitten auf der Piazza dei Miracoli (1987 zum Weltkulturerbe erklärt). Die Pisaner wollten die Venezianer ausstechen. Die Idee war, den Markusdom in Venedig an Schönheit und Pracht zu übertrumpfen. Deshalb kamen nur teuerster Marmor, pompöse Granitsäulen (Beute aus der Moschee von Palermo) und viele Einlegearbeiten aus Bronze in Frage. Das Ergebnis war eines der monumentalsten Bauwerke der europäischen Romanik.

100 Jahre später (1152) wurde mit dem Bau der Taufkapelle begonnen. Unter der Leitung des Architekten Diotisalvi entstand ein Rundbau mit 33,5 m Durchmesser, der vollständig mit Marmor verkleidet wurde und als der größte in Italien galt. So weit, so gut, die Pisaner konnten mit stolzgeschwellter Brust ihr repräsentatives Werk vorführen und fingen mit dem Glockenturm an …

Das Vorhaben geht schief

Es wurde immer wieder behauptet, dass die Schieflage des Turms auf eine wohl durchdachte Planung zurückgehe. Das ist aber Unsinn, denn er sollte wie jeder andere Turm kerzengerade gen Himmel ragen. Schon wegen der hohen Kosten war der Architekt bestimmt nicht auf Witze oder postmoderne Experimente aus. Dieser Architekt war der Italiener Bonanno Pisano, der heute beim Anblick seines Werks vor Scham (oder Lachen) sterben würde, wäre er nicht schon lange tot und in den Fundamenten des Turms begraben. Nur die ersten drei Geschosse des Turms (von acht) wurden zwischen 1173 und 1178 gebaut. Die Grundmauern waren schwach (kaum 3 m tief) und der Untergrund aus Sand und Lehm war äußerst instabil. Klar, dass das Ding zu kippen begann und sich der Turmstumpf immer mehr in Richtung Südosten neigte, sodass sie den Bau eiligst stoppen mussten: für 100 Jahre!

In dieser Zeit haben die Pisaner nur Kriege mit Nachbarstaaten geführt. Doch ausnahmsweise hat der Krieg auch etwas Gutes bewirkt: Der Boden konnte sich viele Jahre setzen und so den völligen Einsturz des Turms verhindern.

Nun, nach 100 Jahren, hatten die Pisaner eine Idee: Wie wäre es, wenn man die restlichen Geschosse nur auf der anderen Seite hochzieht, damit sich der Turm wieder aufrichtet? Gesagt, getan. Zwischen 1272 und 1278 setzten sie unter Giovanni di Simone die nächsten drei Geschosse auf und vollendeten 100 Jahre später mit der Glockenstube von Tommaso di Andrea Pisano ihr Bauwerk. Sie hatten versucht, die Neigung des Turms auf die eine Seite durch das Aufstocken der gegenüberliegenden Seite zu begradigen … und damit erreicht, dass zum Schiefstand noch eine leichte Verdrehung hinzukam. Was für ein Desaster! Je mehr Mühe sie sich gaben, desto krummer wurde der Turm. Noch schlimmer kam es 1838, als der Architekt Alessandro della Gherardesca bei Grabungen an den Fundamenten Grundwasser abpumpen ließ:

Die Neigung nahm zu, der Turm drohte einzustürzen. Dann kam Benito Mussolini und ordnete an, die Wände von innen her zu verstärken ... und das Bauwerk senkte sich um weitere 30 cm! Die Neigung war kritisch, aber weit davon entfernt, abschreckend zu wirken, denn der Turm fing an, Tausende von Touristen aus aller Welt anzuziehen. Hunderte gingen täglich seine 294 Stufen treppauf und treppab, bis am 7. Januar 1990 die Entscheidung fiel, den Turm wegen Einsturzgefahr für das Publikum zu sperren. Eine Gruppe Spezialisten sollte prüfen, ob man ihn stabilisieren kann, ohne dass er seine wertvolle Neigung verliert. Keine leichte Aufgabe, da der Turm zu dieser Zeit bereits 4,47 m von der Senkrechten abwich.

800 Jahre später ...

1993 stimmte die Stadt zu, im Fundament des Turms auf der Nordseite 630 t Bleibarren als Gegengewicht einzulagern. Es schien zu funktionieren, aber die ästhetische Wirkung war entsetzlich. Immerhin hielt der Turm so ein paar Jahre durch, bis Ingenieure 1995 versuchten, den Untergrund auf der niedrigeren Seite mit Erdankern zu stabilisieren und dafür eine Bodenvereisung mit flüssigem Stickstoff vornahmen. Was für eine Schnapsidee! In nur einer Nacht sackte der Turm in den beim Auftauen des Eises entstandenen Hohlraum und neigte sich mehr als sonst in zwei Jahren. Lösung? Weitere 250 t Blei im Fundament der anderen Seite einlagern. Erst 1999 (nach 800 Jahren) konnte er dank einer neuen Methode endgültig in seiner Fallsucht gestoppt werden: Entfernung von 38 m^3 Sandboden unter dem Fundament auf der hochstehenden Seite des Turms. So konnte der Bau durch das Absenken dieser Seite etwas aufgerichtet und vor allem stabilisiert werden. Elf Jahre und 27 Mio. Dollar später wurde der Turm für die Öffentlichkeit wieder zugänglich gemacht. Da Vertrauen gut, Kontrolle aber besser ist, gibt es im Turm jetzt ein Überwachungssystem, das jede Schwankung millimetergenau misst. Es heißt, er könnte so noch 300 Jahre überstehen.

Mit dieser Lösung hat der Turm von Pisa seinen Status als weltweit schiefster alter Bau verloren. Doch wem gebührt die Ehre jetzt? Ein einfacher Glockenturm, der seit 1450 im ostfriesischen Suurhusen steht, hat ihm den Rang abgelaufen. Seine Neigung schlägt die des Schiefen Turms von Pisa um 0,5 Grad. Gibt es Freiwillige, die ihn aufrichten wollen?

Japan in Sicht!

FEHLER: Auf dem amerikanischen Kontinent von Bord gehen und verkünden, man sei in Japan angekommen.

Wer?
Christoph Kolumbus (1451–1506), Seefahrer, Kartograph, Admiral, Vizekönig und Generalgouverneur von „Indien".

Wann?
12. Oktober 1492.

Folgen
Die obsessive Suche nach dem begehrten Gold von Cipango provozierte den Zorn der Indianer (Taino) und brachte allen im Fort Navidad (auf der Insel Hispaniola) stationierten Männern den Tod.

Genueser, Portugiese, Katalane, Galizier, Andalusier ... der Seefahrer aus dem 15. Jh. soll aus vielen Ländern stammen. Er ging als Entdecker der Neuen Welt in die Geschichte ein – obwohl ... Wie ist das mit Amerika? Kolumbus wollte sich in Cipango, dem heutigen Japan, und den Ländern des Großkhans umsehen. Aber er war etwas desorientiert und segelte in die entgegengesetzte Richtung, also nach Westen.

Kolumbus kniet vor der spanischen Königin. Wir wissen nicht einmal sicher, ob der Seefahrer Italiener war, nur dass die von ihm geplante Reise in Lissabon abgelehnt wurde und er beim spanischen Hof vorsprach. Er wollte nicht viel: Drei Schiffe im Gegenzug für riesige Gewinne mit Indien in drei Schritten. Er machte zwar einen Fehler, aber einen, der sich gelohnt hat.

Anscheinend kam dieser Gedanke schon um 1480 herum beim Lesen der Aufzeichnungen von Paolo dal Pozzo Toscanelli in ihm auf. Der Mathematiker und Arzt aus Florenz behauptete, dass man Indien von Europa aus auf dem westlichen Seeweg erreichen könne. Er hatte die Strecke sogar anhand von Reiseberichten des Marco Polo auf einer Karte eingezeichnet. Aber da lag er etwas daneben ... Nach seiner Berechnung war es von Europa (Lissabon) aus in westliche Richtung bis Asien (Quinsay, das heutige Nanjing in Japan) nur ein 6500 Meilen kurzer Katzensprung.

Ein gutes Geschäft

Seien wir doch mal ehrlich. Die mittelalterlichen Europäer warfen genug gierige Blicke gen Osten. Überall sahen sie Gold, Edelsteine, luxuriöse Stoffe, Prunk und Reichtümer, von denen sie sich fette Gewinne erhofften. Die Erzählungen von Marco Polo haben vielen den Mund wässrig gemacht.

Gold gegen Krankheiten

Die Ankunft der Spanier war ein Meilenstein für den wirtschaftlichen Fortschritt in Europa und das geographische Wissen von der Welt. Andererseits war sie für die Ureinwohner Amerikas eine demographische Katastrophe, insbesondere was das Einschleppen neuer Krankheiten und die Unterwerfung durch die Entdecker anbelangt.

Auf der Insel Cipango (zur Erinnerung: heute Japan) gab es nach seiner Schilderung:

> „... Gold in großer Menge, aber der König erlaubt nicht, dass es von der Insel ausgeführt wird. Der König der Insel hat einen großen Palast, der ganz mit reinem Gold gedeckt ist, so wie bei uns die Kirchen mit Blei gedeckt werden. Die Fenster des Palastes sind ganz mit Gold verkleidet. Die Fußböden der Säle und der zahlreichen Räume sind mit Goldplatten belegt, und diese Goldplatten sind mehr als zwei Finger dick. Es gibt hier auch Perlen in riesiger Menge: sie sind rund und groß, und jene von rubinroter Farbe gelten als wertvoller und werden mehr geschätzt als die weißen. Es gibt hier auch viele Edelsteine, und deswegen ist die Insel Cipango wahrhaft unermesslich reich."

Kolumbus beweist einer Gruppe von spanischen Adeligen, dass man ein gekochtes Ei auf seine Spitze stellen kann, wenn man dabei die Schale anbricht. So erteilt er ihnen eine Lektion: Hat man einmal gesehen, wie es gemacht wird, geht alles ganz leicht.

Verständlich, dass Kolumbus wie viele andere auch den unwiderstehlichen Drang verspürte, möglichst schnell dorthin zu kommen. Aber wie? Das christliche mittelalterliche Europa war nicht gerade Trendsetter auf dem Gebiet der Wissenschaft, oder genauer gesagt: Die Araber und später auch die Juden, die in Spanien beheimateten Kulturen, marschierten damals um Längen voraus. Erstere hatten ihre Blütezeit im 7. und 8. Jh., widmeten sich vor allem der Astronomie und waren führend, was den Bau von Astrolabien betraf. Sie verfochten bereits die Kugelform der Erde, obwohl sie sich das Universum mit der Erde als Mittelpunkt vorstellten, um den die Sonne herumtaumelt. Auch die Hebräer beherrschten die Sternenkunde, profilierten sich aber mehr in der Kartographie. Europa wirkte wie ein Katalysator für die drei Religionsgemeinschaften (Christen, Muslime und Juden) und nutzte das Beste aus jeder Kultur für sich. Die unter der Krone Aragons vereinigten Katalanen und Aragonier waren darin Experten. Das ganze 13. und 14. Jh. hindurch, als sie unter unter der Herrschaft von Jakob I., Peter III., Jakob II. und Peter IV. von Aragon standen, waren sie stets von Gelehrten umgeben, vor allem von jüdischen, die sich auf Kartographie und Schifffahrt spezialisiert hatten. Es war wichtig, immer auf dem Laufenden zu sein, denn Macht und Geld kamen aus dem Mittelmeerraum. Und dieser Kuchen wurde unter Venezianern, Florentinern, Genuesen, Pisanern, Katalanen und Mallorquinern aufgeteilt. Doch sie hatten Hunger auf mehr und schauten deshalb auf den Atlantik.

Die ersten Versuche, über den gefürchteten Ozean nach Indien zu kommen, misslangen komplett. Ende des 13. Jh.s scheiterten die Genuesen. Die Brüder Ugolino und Vadino Vivaldi starteten mit zwei gut bewaffneten Galeeren, überquerten die Straße von Gibraltar und segelten an der Küste Afrikas entlang. Man hat nie wieder etwas von ihnen gehört …

Auf der Suche nach dem Weg

In der Zwischenzeit drohte Europa so allmählich ohne Ressourcen dazustehen. Mit der Eroberung Konstantiopels durch die Osmanen im Jahr 1453 und ihrer anschließenden Herrschaft über Ägypten wurde es noch schlimmer. Die christlichen Handelswege waren blockiert und es galt, neue Wege zu finden, um das ersehnte Ostindien zu erreichen. Das *Mare tenebrosum* – nicht umsonst hieß der Atlantik „Meer der Finsternis" – flößte Respekt ein, aber man musste es eben versuchen … Die bekannte Welt endete beim *Finisterrae* und ab da begann das dunkle *Non plus ultra* („bis hierher und nicht weiter"). Portugal begann zuerst die Atlan-

Kaum hatte Kolumbus seinen Fuß auf festen Boden gesetzt, nahm er Besitz von dieser Neuen Welt. Und sofort begann die Missionierung. Nach der Entdeckung wurden viele gravierende Fehler begangen. (Library of Congress, 1892).

tikküste Afrikas zu erkunden, um einen Weg von der Südspitze aus nach Indien zu finden. Angesteckt vom Eifer der Portugiesen eilte ein junger Christoph Kolumbus zu ihrem König Johann II. und stellte ihm ein ehrgeiziges Projekt mit seinen Forderungen vor: drei Karavellen, ausgerüstet mit Lebensmitteln und Waren für den Tauschhandel in Ostindien, Ernennung zum Admiral und zum Statthalter jedes Landes, das er entdeckt, sowie 10 Prozent aller Profite aus diesen Ländern. Noch was? – dachte der König ... und ließ ihn abblitzen.

1485 verließ er Portugal. Am 20. Januar 1486 präsentierte Kolumbus sein Projekt dem spanischen Königspaar. Es wollte darüber nachdenken, doch das hat Jahre gedauert. Dank Königin Isabella I., die risikofreudiger war als ihr Mann Ferdinand II., wurde endlich im April 1492 der Vertrag unterzeichnet, der Kolumbus zum Admiral, Vizekönig und Generalstatthalter aller von ihm entdeckten

Länder machte. Und ja, er war auch zu 10 Prozent an allen Gewinnen aus diesen Ländern beteiligt.

Mit Kurs auf Japan

Am 3. August 1492 verließen Kolumbus und 87 Männer an Bord ihrer drei Schiffe den Hafen von Palos de la Frontera (bei Huelva), um einen neuen Weg nach Indien zu finden. Sie setzten die Segel in Richtung Südwest, nahmen also Kurs auf die Kanaren, und fuhren von dort weiter nach Westen in der Überzeugung, auf dem Weg nach Cipango (Japan) und Cathay (China) zu sein. Drei Monate später, am 12. Oktober 1492, sichteten sie die Küste von San Salvador (Guanahani, Bahamas). Kolumbus ging an Land, erklärte die Insel zum Besitz der spanischen Krone und war davon überzeugt, er habe die erste indische Insel in Asien betreten. Danach folgten weitere Landungen auf den Inseln Santa María de la Concepción (Rum Cay, Bahamas), Fernandina (Long Island), Isabela (Crooked Island) und Kuba. Aber wo war Japan? Und wo die pompöse Residenz des Großkhans? Nach Kolumbus' Schätzung musste Japan 4500 km westlich der Kanarischen Inseln liegen …

Mittelalterliche Landkarte, die ein seltsames Bild von Amerika und den Antillen zeigt. Es war nicht leicht zu dieser Zeit, als die Schiffe auf Wind angewiesen und ihre Geschwindigkeit kaum zu berechnen war, eine richtige Vorstellung von der Erdoberfläche zu erhalten.

Er setzte seine Suche fort, bis er am 5. Dezember auf La Española (oder Hispaniola) landete, das die erste europäische Kolonie in Amerika wurde (heute Haiti und Dominikanische Republik). Doch, doch … Amerika. Und es war so, dass Kolumbus keine Ahnung hatte, wo er war … und nach einigen Reisen auch starb, ohne es je erfahren zu haben.

Erst Jahre später erkannte der italienische Seefahrer Amerigo Vespucci, dass dies ein neuer Kontinent war und man nach Asien über einen anderen Ozean fahren musste.

Brenne in der Hölle!

FEHLER: **Eine beispiellose Massenhysterie gegen Zauberei und Hexerei im gesamten Europa der Frühen Neuzeit auslösen.**

Wann?
1550–1775.
In Spanien bis 1821.

Wer?
Kirchen- und Zivilgerichte in ganz Europa. In England gab es auch „Hexenjäger", die sich gegen Bezahlung der Hexenverfolgung widmeten.

Folgen
Die Anschuldigungen und Prozesse führten zu mehr als 60 000 Hinrichtungen, meist von Frauen. Allein in Deutschland starben etwa 25 000 Personen.

„Es ist uns zu Ohren gekommen, dass sehr viele Personen beiderlei Geschlechts … mit denen Teufeln, die sich als Männer oder Weiber mit ihnen vermischen, Missbrauch machen, und mit ihren Bezauberungen, Liedern und Beschwörungen … die Menschen, die Tiere, die Früchte der Erde … verderben, ersticken und umkommen machen … und dass die Frauen nicht empfangen, und die Männer nicht zeugen können …"

Auszug aus der Bulle *Summis desideratis affectibus* (1484), *Papst Innozenz VIII.*

Die Inquisition führte unterstützt von Königen, die sich dem papstlichen Willen unterwarfen, ein Schreckensregiment im katholischen Europa. Angst war zur Regel geworden; niemand entging dem wachsamen Auge des Nachbarn, der ihn jederzeit denunzieren konnte, einen Pakt mit dem Teufel geschlossen zu haben.

Besessen von der Hexerei trat der italienische Papst Innozenz VIII. eine Lawine los. Seine päpstliche Bulle, auch Hexenbulle genannt, läutete eines der dunkelsten Kapitel der Frühen Neuzeit in Europa ein: Verfolgung, Gerichtsverfahren, Folter, Verurteilung und öffentliche Verbrennung von mehreren tausend Menschen, die beschuldigt wurden, mit dem

Teufel einen Pakt geschlossen zu haben. Diese Bulle inspirierte den Dominikanermönch Heinrich Kramer und seinen Mitbruder Jakob Sprenger zu dem fürchterlichen *Hexenhammer* (lat. *Malleus Maleficarum*), der als makabres Handbuch zur Überführung und Verurteilung vermeintlicher Hexen diente und so Tausenden von Unschuldigen, vor allem älteren Menschen und sozial benachteiligten Frauen, den Tod brachte.

Das subjektive, irrationale und extrem frauenfeindliche Buch gilt als eines der schrecklichsten in der Geschichte der Menschheit. Frauen werden als moralisch schwach angesehen und sind deshalb leichte Beute für den Teufel. Dazu zitiert Kramer sogar Passagen aus dem Alten Testament: „Kein Gift ist schlimmer als Schlangengift, kein Zorn schlimmer als Frauenzorn. Lieber mit einem Löwen oder Drachen zusammenhausen, als bei einer bösen Frau wohnen" (Das Buch Jesus Sirach, 25,15–16).

Die Ankunft der Inquisitoren in einem Dorf oder einer Stadt war ein Alptraum. Sie hatten es zwar insbesondere auf Frauen abgesehen, aber letztendlich war jeder ihrer destruktiven Willkür ausgesetzt.

Das Inquisitionsverfahren

Der Prozess verlief folgendermaßen:

- **Anklage.** Sie erfolgte aufgrund einer Denunziation des Nachbarn, eines Gerüchts oder eines bloßen Verdachts. Von da an konnte man sich von seinen Rechten verabschieden. Selten wurde vermeintlichen Hexen das Recht auf Verteidigung zugestanden.
- **Inhaftierung.** Gefängnisse im heutigen Sinn gab es noch nicht, also wurde man in ein von Ratten verseuchtes und vor Dreck strotzendes Verlies geworfen.
- **Verhör.** Ob im Guten ... oder auf Teufel komm raus. Weil fast alle unschuldig waren, kamen sie in die Folterphase. Der Gefangene wurde mit „überzeugenden Techniken" wie dem Zerquetschen der Finger mittels Daumenschrauben oder dem Dehnen und Brechen der Glieder auf der Streckbank zum Geständnis „eingeladen". Regeln blieben unbeachtet: Es wurde weder eine Pause eingelegt, noch wurde der Häftling wie sonst üblich nur maximal dreimal der Folter unterworfen, um dann, wenn er nicht gestanden hatte, frei gelassen zu werden. Laut *Hexenhammer* sollte man die verbotene Wiederaufnahme der Folter ohne neue Beweise als Fortsetzung deklarieren.
- **Hexenproben.** War die Folter lebend überstanden, ging es mit den zum Teil richtig gruseligen Hexenproben weiter. Die gängigsten waren:
  - **Wasserprobe** *(iudicium aquae)*. Die Angeklagte wurde in eine Wassergrube geworfen, und nur wenn sie versank, war sie unschuldig. Natürlich starben die meisten durch Ertrinken.
  - **Feuerprobe.** Die vermeintliche Hexe musste barfuss über glühende Eisen gehen oder ihre Hand ins Feuer halten.
- **Geständnis.** Nach all dem hieß es ... gestehe, dass du schuldig bist!
- **Befragung nach Mitschuldigen.** Die geständigen Ketzer wurden wieder verhört (oft unter erneuter Folter), damit sie die Namen von anderen der Hexerei verdächtigen Personen nannten. So kam es zu regelrechten Kettenprozessen.
- **Verurteilung.**
- **Hinrichtung.** Hexerei wurde mit dem Tod auf dem Scheiterhaufen bestraft. Manchmal wurde dem Verurteilten die Gnade zuteil, dass man ihm vorher den Kopf abschlug oder einen Beutel Schießpulver um den Hals band.

Viele Angeklagte waren einfache Heilerinnen, Köchinnen oder Hebammen, oft um die 50 Jahre alt oder älter, verwitwet, ledig oder sozial schwach gestellt. Sie sollten die Schuld an jedem Übel tragen, das die Bevölkerung treffen konnte: Seuchen, Dürren, Brände ... alles war Hexenwerk.

Schließ keinen Teufelspakt

40 Prozent der Hinrichtungen fanden im Heiligen Römischen Reich Deutscher Nation (heute Deutschland, Schweiz, Österreich, Liechtenstein, Belgien, Niederlande, Luxemburg, Slowenien und Tschechien) statt. Ein kollektiver Wahnsinn, der sich unnötig lange hinzog. Anna Schnidenwind kostete eine Unachtsamkeit beim Räuchern das Leben. Sie wurde am 24. April 1751 (fast 300 Jahre nach dem Beginn der Hexenjagd) als eine der letzten Frauen in Deutschland öffentlich als Hexe verbrannt. Die 63-jährige Bäuerin sollte einen Pakt mit dem Teufel geschlossen und einen verheerenden Brand in ihrem Dorf verursacht haben.

Vor den Hinrichtungen wurde aus Kisten und Holzplatten eine mit Absperrgitter versehene Zuschauertribüne aufgebaut. Der Terror war ein gut besuchtes Schauspiel, bei dem sich das ganze Volk vergnügte, obwohl jeder schon morgen der Nächste sein konnte, der hier verbrannt oder gehängt wurde.

Das Tribunal der spanischen Inquisition verfolgte die vermeintlichen Hexen ebenso unerbittlich. Die klare Mission dieser von den Katholischen Königen 1478 gegründeten Institution bestand darin, der Ketzerei verdächtige Personen aufzuspüren, ihnen den Prozess zu machen und sie wegen erwiesener Schuld zu verurteilen. Tomás de Torquemada (1420–1498) war der erste und gefürchtetste Inquisator, der schon alleine Unzählige der „teuflischen" Angeklagten bei den traurig-berühmten Glaubensgerichten, den Autodafés, hinrichten ließ. Was Torquemada beschloss, war Gesetz, seine Macht nahezu unbegrenzt. In Hispanoamerika hatte die Inquisition zwar keine Macht über die Indianer, da diese zu einfältig und unwissend im Glauben waren, sah aber ihre Aufgabe darin, Juden und Protestanten zu vertreiben.

1808 schaffte der von seinem Bruder Napoleon auf den Thron gehobene Joseph Bonaparte die Inquisition ab. Dasselbe taten 1813 die während des Unabhängigkeitskrieges errichteten Cortes von Cádiz, doch bei seiner Rückkehr aus dem französischen Exil im Jahr 1814 setzte König Ferdinand VII. die Inquisition wieder ein. Niemand versuchte, das zu verhindern.

Torquemada in voller Verzückung. Entweder hat er geglaubt, im Namen Gottes zu handeln oder er hielt Spanien für seinen ganz persönlichen Spielplatz, auf dem er sich austoben konnte.

Es riecht verbrannt

FEHLER: Zuerst ein Feuer verursachen, das die Stadt verwüstet, und dann eine Reihe von Fehlentscheidungen treffen, die London zum Fraß der Flammen werden lässt.

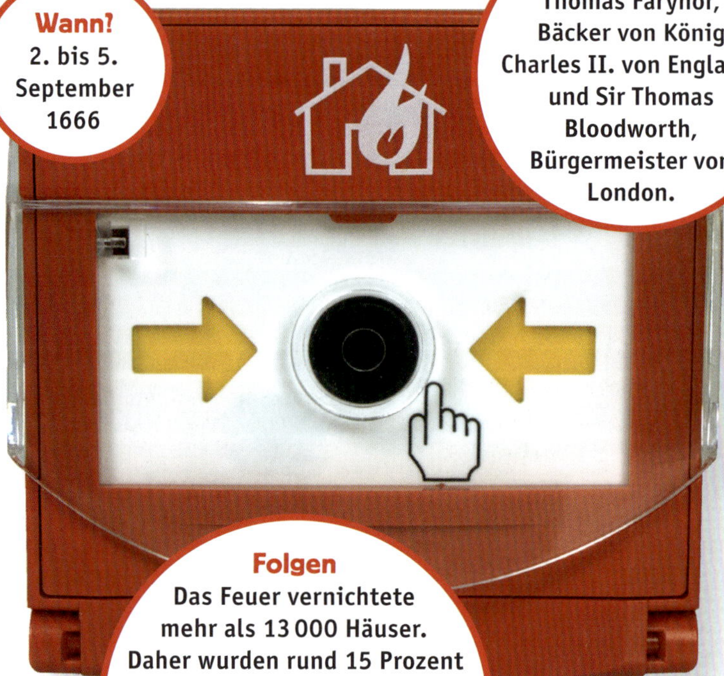

Wann?
2. bis 5. September 1666

Wer?
Thomas Farynor, Bäcker von König Charles II. von England, und Sir Thomas Bloodworth, Bürgermeister von London.

Folgen
Das Feuer vernichtete mehr als 13 000 Häuser. Daher wurden rund 15 Prozent der Einwohner obdachlos und fast 2 km² der Stadt lagen in Schutt und Asche. Der Wiederaufbau dauerte fast ein halbes Jahrhundert.

„Es brannte überall … Das Volk war dermaßen bestürzt, dass die Leute von Anfang an – ich weiß nicht, aus welcher Verzagtheit oder Fügung – kaum etwas getan haben, die Flammen zu ersticken, sodass es nichts andres zu hören oder zu sehen gab als Geschrei und Lamentationen und kopfloses Herumrennen."

Tagebuch, *John Evelyn (Augenzeuge)*

Wie der Brand Roms unter Nero war auch dieser gut für eine Renovierung der Stadt. Eine eigene Feuerwehr hätte London noch mehr gebraucht.

1666 war London eine der größten Städte Europas. Es war in den letzten Jahrzehnten davor enorm gewachsen – allerdings auch etwas unübersichtlich geworden. John Evelyn, ein Chronist dieser Zeit, bezeichnete die City als „ein Konglomerat von Holzhäusern im nordischen Stil", das als perfektes Futter für ein Feuer eine stetig drohende Brandgefahr bedeutete. In seinen römischen Stadtmauern war London eine vor Menschen wimmelnde, immer verstopfte Metropole mit engen Straßen und dicht aneinandergereihten Holzhäusern. Wir sprechen von einer mittelalterlichen Stadt – Stadtplanung war quasi ein Fremdwort.

Heiße Brötchen

In der Pudding Lane, einer dieser engen überfüllten Gassen nahe dem Themseufer und der London Bridge, stand das Haus von Thomas Farynor, dem Bäcker des Königs Charles II. von England. Am frühen Sonntagmorgen des 2. September 1666 brach Feuer in der Backstube aus und griff in Windeseile um sich. Im 17. Jh. war dieser Bezirk, das heutige Bankenviertel, voller Geschäfte und Lagerhallen mit brennbaren Materialien wie Öl, Holz, Kohle und Alkohol. Der Bäcker und seine Familie waren im Obergeschoss gefangen, alle konnten aber über das Dach den Flammen entfliehen. Alle bis auf die vor Angst gelähmte Magd, die das erste Opfer des Großen Brands wurde.

Der unfähige Bürgermeister

In London wehte ein starker Wind und das war nicht sehr hilfreich. Das angefachte Feuer griff schnell auf die benachbarten Häuser über, sodass man diese abreißen musste, um einen drohenden Dominoeffekt zu vermeiden. Logischerweise mochten die Eigentümer an den Verlust ihrer Häuser nicht mal denken und widersetzten sich dem Vorhaben. So blieb nur noch der Bürgermeister, der ein Machtwort sprechen und den Abriss befehlen sollte. Als Sir Thomas Bloodworth endlich an Ort und Stelle eintraf, loderten die Flammen schon in den angrenzenden Häusern und näherten sich gefährlich den Papierlagern und Depots mit leicht entzündbaren Stoffen am Flussufer. Die Feuerwehrleute verlangten lautstark den sofortigen Abriss der Häuser, aber der Bürgermeister lehnte rundweg ab. Immerhin ging es um gemietete Objekte und man musste sich zunächst an die Eigentümer wenden. Samuel Pepys, Präsident der Royal Society und Augenzeuge des Brands, schrieb später in sein Tagebuch: „Allüberall empören sich die Leute über den Unverstand des Oberbürgermeisters im Allgemeinen und in dieser Brandsache im Besonderen, für die sie ihm die ganze Schuld zuschieben."

Wie Zündhölzer in einer Streichholzschachtel – so dicht an dicht standen im Großraum London die Häuser in den Straßenzügen, und darin wohnten Tausende ahnungsloser Menschen trotz der Gefahr.

Der König greift ein

Durch die Unentschlossenheit des Bürgermeisters waren am Morgen gegen 7 Uhr bereits mehr als 300 Häuser abgebrannt. Der Ostwind trieb die Flammen auf den Fluss zu und um 11 Uhr war das Feuer nicht mehr aufzuhalten. Das war der Zeitpunkt, als der bereits erwähnte Beamte Pepys zum Hof eilte, um dem König vom Ausmaß der Katastrophe zu berichten. Er bat seine Majestät um eine dringende Anordnung für den Abriss der Häuser, wenn er nicht wolle, dass das Feuer die ganze Stadt verschlingt. Angesichts der sträflichen Passivität des Bürgermeisters schickte König Charles II. den Beamten sofort los mit dem langersehnten Befehl, die Häuser abzureißen. Mit ihm kam auch die königliche Gendamerie, die James, der Bruder des Königs, angeboten hatte, um beim Löschen zu helfen. Bei seiner Ankunft fand Pepys einen Bürgermeister am Rande des Nervenzusammenbruchs vor. Doch der feine Sir war zu stolz und lehnte die Hilfe der Soldaten ab. Schließlich eilte König Charles höchstpersönlich zum Schauplatz. Als als er sah, dass die Häuser noch standen, ordnete er über den Kopf des „Sir“ hinweg deren sofortigen Abriss und das Sprengen einer Bresche auf der Westseite des Brands an.

Samuel Pepys konnte das Vorrücken des Feuers nicht stoppen. Der Bürgermeister weigerte sich, die von der Feuerzunge bedrohten Häuser ohne Erlaubnis der Eigentümer abreißen zu lassen, um ein Überspringen der Flammen zu verhindern. Schließlich musste der von Pepys alarmierte König selbst den Abriss befehlen.

Ungebremste Feuerbrunst

Aber das Feuer war schon längst außer Kontrolle und verwandelte sich am Nachmittag in einen tosenden Feuersturm. Dieses Phänomen, auch Kamineffekt genannt, tritt auf, wenn durch starke Hitzeentwicklung bei einem großen Flächenbrand heiße Luft über dem Brandherd abrupt nach oben steigt und der entstehende Sog Frischluft nachzieht. Was passiert dann? Die Frischluftzufuhr von unten wirkt wie ein verstärkender Wind und der Sauerstoff facht das Feuer weiter an. So entsteht ein fürchterlicher Feuersturm, der Temperaturen von über 2000 °C erreichen kann! Nun, solche Turbulenzen haben bewirkt, dass der Wind wider

Erwarten drehte und die Feuerwalze noch mehr Gebiete verwüsten konnte.

Bei Tagesanbruch am Montag, dem 3. September, fraßen sich die Flammen in Richtung Norden und Westen weiter. Am späten Nachmittag erreichte das Feuer die reicheren Bezirke und verschlang dort sämtliche Gebäude wie das Royal Exchange oder die luxuriösen Läden in der Cheapside. Allmählich verloren alle den Überblick. Es gab Gerüchte, das Feuer sei von Franzosen oder Niederländern (kommerziellen Rivalen) gelegt worden. Einige Einwanderer wurden zu Opfern von Lynchjustiz und Gewalt. Jeder versuchte, aus der Stadt zu fliehen, aber die Enge der Straßen und die 5,5 m hohe Stadtmauer waren bei einer Massenflucht nicht gerade hilfreich. Den ganzen Tag über brach immer wieder Panik aus, weil die Menschen in Strömen versuchten, durch eines der acht Tore zu entkommen.

Die Enge der Straßen verhinderte die Flucht und begünstigte die rapide Ausbreitung des Brands, weil die Flammen rasch überspringen konnten. Solange der Wind nicht abflaute, hatte man keine Chance, den Brand zu löschen.

Am Dienstag trat ein, was viele befürchtet hatten. Die Flammen erreichten die Saint Paul´s Cathedral, zerstörten sie komplett und überwanden in Höhe der Fleet Street die römische Stadtmauer. Das Feuer näherte sich bedrohlich dem Palast von Charles II. in Whitehall, doch zwei Fakten änderten alles und verhinderten das Schlimmste: Zum einen flachte der starke Ostwind ab und zum anderen konnte durch das Sprengen von Feuerschneisen dem Vorrücken der Flammen ein definitives Ende gesetzt werden.

Zu dieser Zeit hatte London keine offizielle Feuerwehr. Einzig und allein die Versicherer verfügten über eine solche. Diese übernahm das Löschen mit einer völlig rudimentären Ausrüstung, wie Handwasserpumpen, ohne die geringste Chance, größere Brände zu bewältigen. Ein Defizit, das auch die nächsten 200 Jahre bestehen blieb, denn London hatte bis 1866 keine eigene Feuerwehr.

Chaotischer Wiederaufbau

Nach dem tagelangen Inferno aus Feuer und Rauch konnte der Anblick nicht verheerender sein. Die aufstrebende Metropole war fast komplett abgebrannt. Sie musste in Rekordzeit wieder aufgebaut werden, um eine Wirtschaftskrise zu verhindern. London hatte immer noch ein mittelalterliches Stadtbild.

Nun bot sich die beste Gelegenheit, um von vorne anzufangen. Der Architekt Christopher Wren, Erbauer der St. Paul´s Cathedral, legte einen Plan vor, der lange und breite Alleen mit kreisförmigen offenen Plätzen vorsah. Allerdings wollte man möglichst rasch wieder zur Normalität zurückkehren und so ging man den Wiederaufbau eher planlos an. Deshalb hat London sein etwas chaotisches und verfallenes Flair bis ins 21. Jh. behalten, den ganz besonderen Charme einer mittelalterlichen Stadt.

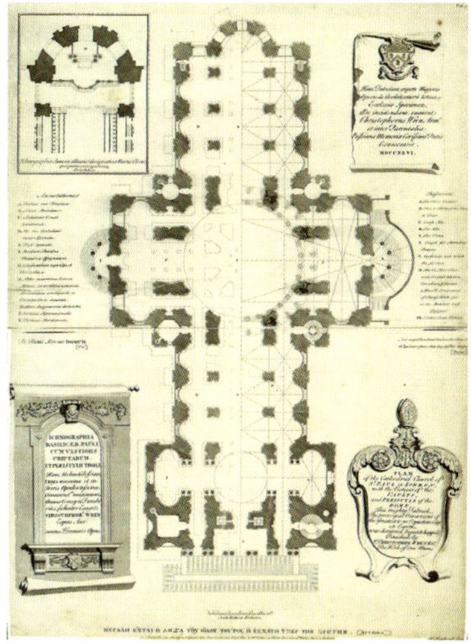

Die St. Paul´s Cathedral wurde durch den Brand komplett zerstört und musste neu aufgebaut werden.

The Monument

Bei den Londonern soll dieser unselige September nicht in Vergessenheit geraten. Täglich kommen Hunderte, um *The Monument*, eine dorische Säule, die an die Zerstörung der Stadt durch den Großen Brand von 1666 erinnert, zu besichtigen. Das Denkmal steht nahe der Stelle, wo das Feuer ausbrach (an der Kreuzung Monument Street und Fish Street), und seine Höhe von 61 m markiert exakt die Distanz zwischen seinem Standort und der ehemaligen Bäckerei von Thomas Farynor in der Pudding Lane. Ein kleineres Denkmal, *The Golden Boy of Pye Corner*, steht an der Stelle (Smithfield), wo die Flammen gestoppt wurden. Auf dem quadratischen Sockel der Säule befinden sich Reliefs und Inschriften, die einige Details der Katastrophe erklären.

Eine Inschrift gibt stichpunktartig die Folgen des Brands wieder: „… von den 26 Stadtvierteln wurden 15 komplett und weitere 8 weitgehend durch den Brand zerstört; das Feuer verschlang 400 Straßen, 13 200 Häuser und 89 Kirchen (ohne Kapellen), 4 Stadttore, das Rathaus, viele öffentliche Gebäude, Krankenhäuser, Schulen, Bibliotheken sowie eine große Anzahl stattlicher Gebäude."

Trockenlegung per Gesetz?

FEHLER: Einführung der nationalen Prohibition von Alkohol per Gesetz.

Wann?
Vom 17. Januar 1920 bis 5. Dezember 1933.

Wer?
Andrew Volstead (1860–1947), unbeliebter Abstinenz-Abgeordneter von Minnesota (USA).

Folgen
Alkoholschmuggel, Schwarzbrennerei und Anstieg der organisierten Kriminalität, die auch den neu entstandenen Schwarzmarkt für alkoholische Getränke kontrollierte. Durch die Prohibition erhöhte sich die Zahl der Alkoholverkaufsstätten. Allein in New York gab es statt 15 000 Kneipen jetzt 32 000, alle illegal.

„… verboten sind die Herstellung, der Verkauf und der Transport von berauschenden Flüssigkeiten innerhalb, sowie die Einfuhr derselben in und die Ausfuhr derselben aus den Vereinigten Staaten von Amerika …"

Gesetz zur Prohibition 1920

1921 wird unter Aufsicht der Polizei der Alkohol aus einem Fass in den Abwasserkanal gekippt.

In der Nacht vom 17. Januar 1920 kündigte ein jubelnder Senator namens Andrew Volstead im Radio das Inkrafttreten eines Gesetzes über das Verbot von Alkohol an. Die Idee war einfach: Herstellung und Verkauf von alkoholischen Getränken in den USA wurden verboten. Der Politiker glaubte an den Erfolg einer solchen Maßnahme:

„Morgen früh, eine Minute nach zwölf, wird eine neue Nation geboren. Auf nun in ein Zeitalter klaren Denkens und reinen Lebens!" Christliche Verbände stimmten sofort mit ein: „Bald werden die Elendsviertel der Vergangenheit angehören. Wir werden leerstehende Gefängnisse in Fabriken und Kornhallen verwandeln. Männer werden nun aufrecht gehen, Frauen werden lächeln und Kinder werden lachen. Die Pforten der Hölle sind für immer geschlossen."

So ein Spielverderber!

Kurz nach dem Ende des Ersten Weltkriegs war die amerikanische Gesellschaft euphorisch gestimmt: Neue Musik, neue Ausdrucksformen im Tanz und eine gewisse moralische Laxheit in der Lebensart regierten. Das Feiern

kam an erster Stelle. Zu viel für den erzkonservativen Teil der Politiker, die nun einen Weg sahen, diese Schamlosigkeiten zu unterbinden.

Indem er die Freiheiten der Bürger völlig ignorierte, läutete der *Volstead Act* eine der traurigsten Etappen in der Geschichte der Vereinigten Staaten ein: die staatliche Zensur des privaten Lebens. Und dabei war man nicht gerade zimperlich: Für die Herstellung und den Verkauf von Alkohol gab es Geldstrafen von bis zu 1000 Dollar (ein Vermögen zu dieser Zeit), Freiheitsstrafen bis zu fünf Jahren und die Schließung des Lokals. Nicht unter das Verbot fielen nur Alkohol, der für medizinische Zwecke auf Rezept verschrieben wurde, Messwein und Apfelmost. Für die Durchsetzung dieses nationalen Gesetzes war eine eigens geschaffene Bundesstrafverfolgungsbehörde, das *Bureau of Prohibition*, zuständig, die dem Finanzministerium unterstand. Seine Ermittler, die Prohibitionsagenten, waren landläufig als *Prohis* bekannt.

Wo ein Gesetz ... da auch eine Lücke

Kaum sechs Monate nach Beginn des Verbots setzte der Pharmaverband schon wieder neun Sorten von alkoholischen Getränken auf die Liste nützlicher Medikamente, die als Beruhigungsmittel und zur Behandlung von Neurasthenie erlaubt waren. Außerdem holten sich etwa 15 000 Ärzte und fast 60 000 Apothekeninhaber die entsprechenden Genehmigungen zum Verschreiben und Verkaufen von Alkohol. Kein schlechtes Geschäft, da die spezialisierten Therapeuten 1928 bereits 40 Mio. Dollar durch Alkoholverkäufe auf Rezept eingenommen hatten, eine Summe, die bis 1933 auf 200 Mio. anstieg.

Bald wollten sich auch einige Verbrechersyndikate von diesem Kuchen ein Stück abschneiden. In den drei Jahren nach Inkrafttreten des Gesetzes entstanden etliche kriminelle Banden, zuerst die jüdische Mafia (Dutch Schultz, Diamond,

Rothstein), dann die irische und schließlich die italienische. Sie machten ihr Geschäft mit dem illegalen Alkohol auf der Basis von Schutzgelderpressung und Bestechung der Polizei. Diese Gangs kontrollierten den Markt der illegalen Brennereien, der Importe und der Kneipen.

Al Capone, Gangsterboss in den Vereinigten Staaten und Anführer eines Verbrechersyndikats während der Prohibition in den Zwanzigerjahren.

Der Schuss geht nach hinten los

Im Jahr 1925 gab es in größeren Städten der USA 100 000 illegale Bars (*speakasies*, die „Flüsterkneipen"), die unter dem Schutz der Mafia und der bürgerlichen Prohibitionsgegner standen. Die „neue Nation" von Volstead mutierte immer mehr zur Hölle auf Erden. Inzwischen reichte die Korruption bis in die höchsten Ränge der Politiker. Selbst Innenminister Albert Fall und Justizminister Harry Daugherty wurden wegen Komplizenschaft mit Schmugglern verurteilt. Das konservative Prohibitionssystem biss sich in den eigenen Schwanz: Es versprach, dem Dämon Alkohol Einhalt zu gebieten, aber der Verbrauch und die Zahl der Konsumenten stiegen unaufhörlich an (der

Franklin Delano Roosevelt war der Präsident, der den *Volstead Act* aufgehoben hat. Das musste schon mit einem Glas Champagner gefeiert werden.

Cocktail war so populär wie nie, da sich hoch konzentrierter Alkohol in Flachmännern versteckt transportieren ließ). Das Verbot wollte die Getränkehersteller ruinieren, aber sie wurden nur umso reicher, und zwar ohne einen Cent in die Staatskasse abzuführen. Durch die Prohibition sollten sich die Gefängnisse leeren, aber sie füllten sich mit den Kriminellen, die das Gesetz erst geschaffen hatte. In Chicago gab es in den 1920er-Jahren aufgrund der tobenden Bandenkriege mehr als 500 Todesfälle. Einer der bekanntesten Gangsterbosse und Bandenführer dieser Zeit, Al Capone, nahm aus dem Gefängnis Stellung dazu:

„Ich bin ein Geschäftsmann, und sonst nichts. Ich habe etwas Geld verdient, um die Bedürfnisse der Nation zu befriedigen. Wenn ich das Gesetz übertreten habe, sind meine Kunden genauso schuldig wie ich. Das ganze Land wollte Alkohol, und ich habe mich danach gerichtet und geliefert. Was soll das Gerede vom Staatsfeind? Ich diente nur den Interessen der Gemeinschaft."

Ein unheilvolles Erbe

Endlich, am 4. März 1933, übernahm der Kandidat der Demokratischen Partei, Franklin Delano Roosevelt (1882-1945), die Präsidentschaft der Vereinigten Staaten. Im Dezember desselben Jahres wurde das berühmte Prohibitionsgesetz aufgehoben. Das Erbe konnte nicht unheilvoller sein: Durch Vergiftung mit Methylalkohol starben rund 30 000 Menschen, etwa 100 000 erlitten bleibende Schäden und erblindeten oder blieben gelähmt. 270 000 Bürger wurden wegen mit dem Alkohol verbundener Vergehen gegen ein Bundesgesetz *(federal crimes)* verurteilt, ein Viertel von ihnen kam in Haft und der Rest mit einer Geldstrafe davon. Drastisch angestiegen war auch die Kriminalitätsrate: 49 % mehr Tötungs- und 83 % mehr Eigentumsdelikte im Vergleich zur vorherigen Dekade. Über 30 % der Agenten, die das Gesetz hüten sollten, kamen selbst mit ihm in Konflikt (Raub, Erpressung, Datenfälschung oder Handel) und wurden verurteilt. Nachdem das Verbot aufgehoben wurde, brachten heimliche Verkäufe von Alkohol kein Geld mehr ein. Aber die Mafia verschwand nicht, sie dehnte ihr „Geschäft" auf weitere „Branchen" wie Prostitution, Glücksspiel und Drogenhandel aus.

F. D. Roosevelt war als Präsident sehr beschäftigt. Er veränderte nicht nur die Gewohnheiten der Gangster, sondern trieb auch die Reformen des *New Deal* voran und erklärte Deutschland den Krieg.

Es gibt auch heute noch Länder, vorwiegend muslimische, in denen der Konsum und Verkauf von Alkohol verboten sind. In Saudi-Arabien sind Herstellung, Einfuhr und Konsum untersagt und die Strafe bei Zuwiderhandlung schließt Peitschenhiebe ein. In Kuwait gibt es dafür Gefängnis, aber keine Peitschenhiebe. In Katar kann man ausgewiesen werden und wenn man durch Libyen reist, merkt man schnell, dass selbst in Fünfsternehotels kein Bier zu kriegen ist.

Hitler nominiert für den ... Friedensnobelpreis

FEHLER: Den deutschen Reichskanzler und NSDAP-Vorsitzenden Adolf Hitler für den Friedensnobelpreises vorschlagen.

Wann?
1939, das Jahr in dem der Überfall auf Polen stattfand.

Wer?
Erik G. C. Brandt, Mitglied des schwedischen Parlaments.

Folgen
Keine, denn die Nominierung wurde kurz vor Beginn des Zweiten Weltkriegs zurückgezogen.

„Die grausamsten Waffen waren dann human, wenn sie den schnelleren Sieg bedingten ..."

Mein Kampf,
Adolf Hitler (1889-1945)

Totalitär, antisemitisch, ausländerfeindlich, aggressiv ... es gibt kaum positive Adjektive für eine der schändlichsten Figuren in der Geschichte der Menschheit. Man fragt sich, was sich der Parlamentarier Erik G. C. Brandt dabei gedacht hat, als er im Jahr 1939 den „Führer" als verdienten Empfänger des Friedensnobelpreises vorschlug. Das norwegische Nobel-Komitee musste über eine Vergabe nicht lange nachdenken, denn Brandt zog seinen Vorschlag wieder zurück. Es blieb beim Nobelpreisträger von 1938, dem Internationalen Nansen-Amt für Flüchtlinge, und in den Kriegsjahren 1939 bis 1943 wurde gar kein Friedensnobelpreis vergeben.

Alfred Nobel hat das Dynamit für den Diamantabbau erfunden. Er verdiente damit sehr viel Geld, gründete eine Stiftung und rief den Nobelpreis ins Leben, der viele Menschen zu besonderen Leistungen anregte.

Ein „Pazifist" will Krieg

Wer hat wohl eine Auszeichnung verdient, die an denjenigen gehen soll, „der am meisten oder am besten auf die Verbrüderung der Völker und die Abschaffung oder Verminderung der Heere sowie das Abhalten oder die Förderung von Friedenskongressen hingewirkt hat"? Brandt, der die Nominierung abgab, schlug Hitler aufgrund seiner Gespräche über den europäischen Frieden mit Sir Arthur Neville Chamberlain als würdigen Empfänger vor. Schockierend. Auch wenn Brandt wenig später die Nominierung mit der Begründung, er habe sie nie ernst gemeint, wieder zurückzog, bleibt sie unverständlich, denn Hitler fing noch im gleichen Jahr an, Europa zu verwüsten.

Es war ein wenig verfrüht, Adolf Hitler für den Friedensnobelpreis vorzuschlagen. Er hatte, wie viele andere der kurioserweise und vorschnell nominierten Persönlichkeiten, noch ein langes Leben vor sich. Wie seine „Friedensmühen" aussahen, hat die ganze Welt bitter erfahren müssen.

Aber fassen wir doch die berühmten Verhandlungen von Hitler und Chamberlain kurz zusammen. Sie begannen damit, dass Adolf Hitler bereits im Sommer 1938 auf die Wiedereingliederung des im Westen der damaligen Tschechoslowakei gelegenen Sudetenlandes ins „Großdeutsche Reich" bestand. Die Lage war höchst brisant, als sich Hitler und Chamberlain am 29. September in München zu einer Konferenz trafen, an der unter anderem auch der französische Premierminister Edouard Daladier teilnahm. Kurioserweise war die tschechische Regierung nicht eingeladen. Die Zugeständnisse im Rahmen der sogenannten Appeasement-Politik bescherten dem „Führer" praktisch alles, was er begehrte: Die Tschechoslowakei sollte die grenznahen Gebiete mit vorwiegend deutschsprachigen Bewohnern räumen und mehr als 16 000 km², in denen über 3,5 Mio. Menschen, darunter auch 700 000 Tschechen, lebten, an Deutschland abtreten. Ein historischer Fehler, der für Europa schlimme Folgen hatte. Aber warum waren die Premiers von Frankreich und Großbritannien so naiv? Ihre Haltung war zum Großteil von der Angst vor einem weltweiten Krieg (den sie damit besiegelt hatten) sowie von der Überzeugung geprägt, dass der Vertrag von Versailles übermäßig hohe Forderungen enthielt. Dieser 1919 unterzeichnete Friedensvertrag enthielt eine Vielzahl von Bedingungen, die später oft als zu harte Strafe für das im Ersten Weltkrieg besiegte Deutschland betrachtet wurden.

Vor ihrer Abreise aus München unterzeichneten Hitler und Chamberlain ein Dokument, worin sie ihren Wunsch erklärten, den Frieden mittels Abstimmung und Dialog zu garantieren. Der Premier kehrte ganz stolz nach London zurück und präsentierte sich als Garant „eines ehrenhaften Friedens, eines Friedens für unsere Zeit".

Chamberlain wusste damals nicht, dass er durch seine Zugeständnisse Hitlers Drang nach Eroberung weiter anstachelte. Kurz nach der berühmten Münchner Konferenz annektierte der deutsche Reichskanzler das, was vom wehrlosen tschechoslowakischen Staat übriggeblieben war. Und dabei blieb es nicht. Am 1. September 1939 überfiel Hitler Polen unter dem Vorwand eines angeblichen polnischen Angriffes auf einen deutschen Grenzposten. Großbritannien und Frankreich gaben Deutschland zwei Tage Zeit, sich aus Polen zurück zu ziehen. Hitler pfiff darauf und machte unverdrossen weiter, bis er erreichte, was er wollte: Am 3. September 1939 begann der Zweite Weltkrieg.

A. Neville Chamberlain glaubte an die Einhaltung der Vereinbarungen und vertraute Hitler, was ein Fehler war. Aber er war nicht der Einzige, der getäuscht wurde.

Stalin versus Ghandi

Ein weiterer „exotischer" Kandidat für den Friedensnobelpreis war Joseph Stalin (1878–1953). Als solcher vorgeschlagen wurde er im Jahr 1945 „für seine Bemühungen um die Beendigung des Zweiten Weltkriegs", seine Nominierung wurde aber abgelehnt. Nach Archivunterlagen hatte der norwegische Ex-Außenminister Halvdan Koht Stalin zusammen mit anderen qualifizierten Kanditaten wie Franklin D. Roosevelt (Präsident der USA im Zweiten Weltkrieg), Winston S. Churchill (Premierminister des Vereinigten Königreichs im Zweiten Weltkrieg), Anthony Eden (britischer Politiker und rechte Hand von Churchill), Maxim Lit-

Stalin war ein Massenmörder, aber das stellte sich erst später heraus. In der Zwischenzeit gab er das Bild vom guten Menschen ab.

winow (Botschafter der UdSSR in Washington), Edvard Beneš (Präsident der Tschechoslowakei) und Jan Smuts (Ministerpräsident von Südafrika) nominiert.

Er ging als totalitärer Sowjetdiktator in die Geschichte ein, sein Terror ist legendär und brachte Millionen Menschen den Tod, aber 1948 war Stalin sogar noch einmal für den Friedensnobelpreis nominiert. Mit ihm auf der Liste befand sich kein Geringerer als Mahatma Ghandi (1869–1948). Der Anführer einer Revolution, die mit gewaltfreiem Widerstand das Ende der britischen Kolonialherrschaft erreicht hatte, starb wenige Tage nach seiner fünften Nominierung. Da Nobelpreise nicht posthum verliehen werden dürfen, fiel die Preisvergabe 1948 aus, denn die Ehrung stand, wie das Komitee in der Presse veröffentlichte, „Mahatma Ghandi, dem verlorenen Gewinner" zu.

Ghandi wurde fünfmal für den Friedensnobelpreis nominiert, ohne ihn je zu erhalten.

Blamable Irrtümer

In der Geschichte des Friedensnobelpreises jagt eine Fehlentscheidung die andere. Zum Beispiel wurden 1973 Henry Kissinger, Staatssekretär der USA, und der Vietnamnese Le Duc Tho nominiert. Die jahrelangen Geheimverhandlungen zur Beendigung des Vietnamkrieges,die beide Politiker leiteten, mündeten 1973 schließlich in den Vertrag von Paris. Kissinger nahm den Preis begeistert an, unterstützte den Putsch der Militärjunta in Argentinien, organisierte die Operation Condor in Chile mit und stand dem Suharto-Regime in Indo-

nesien bei. Beide Politiker waren an der Bombardierung von Laos und Kambodscha beteiligt sowie an jeder Operation, die den wirtschaftlichen Interessen der USA diente und zahllose Menschenleben forderte. Aber Le Duc Tho hatte zumindest Anstand und nahm angesichts der noch bestehenden Kriegssituation in seinem Land den Preis nicht an.

Andere umstrittene „Pazifisten" waren George Catlett Marshall (US-General und Staatsmann, der 1953 den Preis für den sogenannten Marshall-Plan bekam) oder Dwight D. Eisenhower, der 1955 nominiert wurde, obwohl er als Präsident der USA keine Kompromisse mit den kommunistischen Ländern einging.

Weitere Friedensnobelpreisträger

Seit Gründung der Stiftung im Jahr 1901 wurde der Friedensnobelpreis an 95 Einzelpersonen und 20 Organisationen weltweit vergeben. Die meisten hatten die Auszeichnung verdient. So das Internationale Komitee vom Roten Kreuz oder das Flüchtlingskommissariat der Vereinten Nationen, die sie gleich mehrmals erhielten. Auch die folgenden Prominenten gehörten zu den würdigen Empfängern: Martin Luther King (Präsident der *Southern Christian Leadership Conference* (SCLC), Bürgerrechtler), 1964; Mutter Teresa (Gründerin des Ordens Missionarinnen der Nächstenliebe), 1979; der 14. Dalai Lama (religiöses und politisches Oberhaupt der Tibeter), 1989; Michail Gorbatschow (Präsident der ehemaligen Sowjetunion), 1990; Nelson Mandela (Führer des *African National Congress*), 1993; Jassir Arafat (Vorsitzender der al-Fatah, der Bewegung zur Befreiung Palästinas), 1994; Kofi Annan (Generalsekretär der Vereinten Nationen), 2001; Barack Obama (US-Präsident), 2009. Die bislang jüngste Preisträgerin in der Geschichte des Nobelpreises ist Malala Yousafzai (pakistanische Kinderrechtsaktivistin), die 2014 mit erst 17 Jahren geehrt wurde.

4 902520

WISSENSCHAFT & MEDIZIN

42716

Die Erde ist flach

FEHLER: Die Väter der griechischen Astronomie glaubten, die Erde sei eine riesige Scheibe oder ein Zylinder aus Stein, die im Wasser schwamm oder in der Luft schwebte.

Wann?
6. Jh. v. Chr.

Wer?
Thales von Milet (639–547 v. Chr.) und sein Schüler Anaximander von Milet (610–546 v. Chr.).

Folgen
Diese falsche Vorstellung hielt sich über mehrere Jahrhunderte, bis sie widerlegt wurde und bewirkte, dass einige Generationen in Unwissenheit verharrten.

„Anaximander sagt, die Erde ist gewölbt, rund, wie eine Säulentrommel. Auf der einen Kreisfläche stehen wir, die andere liegt dieser gegenüber."

Hippolyt von Rom, Ref. I, 6,3

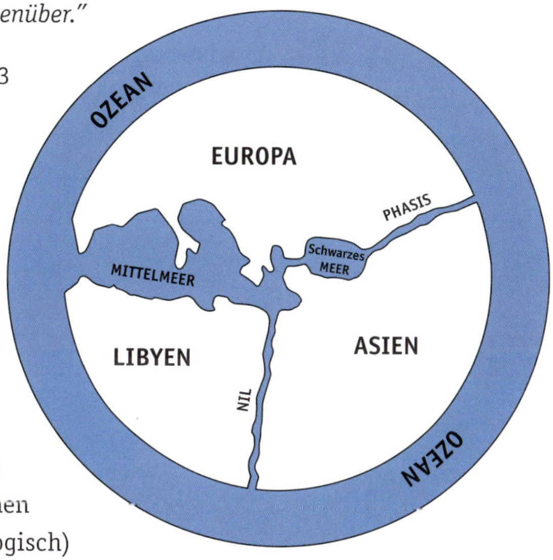

Jahrhundertelang war der Mensch davon überzeugt, auf einer runden, flachen Erdscheibe zu leben, die im Meer herumschwimmt. Überliefert wurde diese Vorstellung von den Babyloniern, wie eine der ältesten Weltkarten zeigt. Sie ist in eine Tontafel eingeritzt, befindet sich heute im British Museum und stellt die Erde als flache Scheibe mit verschiedenen Regionen und Babylon in der Mitte (logisch) dar, umflossen von einem Urozean, dem kreisrund verlaufenden „Bitterstrom". Jenseits dieses Ozeanrings – so beschreibt es der beigegebene Text –, in den entlegenen Zonen, „wo die Sonne nicht gesehen wird", hausen allerlei wunderliche und dämonische Kreaturen.

Für die Griechen war die Erde ebenfalls flach, aber sie fingen so allmählich an, sich mehr um den Himmel zu kümmern. Einer von ihnen, Thales von Milet, dachte, dass das halbrunde Himmelsgewölbe über die Erdscheibe gestülpt und auf dieser befestigt sei (wie bei einer transparenten Schneekugel). Es drehe sich jeden Tag einmal um die Erdscheibe und ziehe die Sterne, die Sonne und den Mond mit. So naiv diese kosmologische Sicht heute auch wirken mag, kommt sie aber schon ohne mythische oder übernatürliche Erklärung aus. Eine der merkwürdigsten Theorien betrifft den Ursprung der Erdbeben. Thales ging davon aus, die Erde werde vom Wasser getragen und wie ein Schiff bewegt und komme infolge heftigen Wellengangs ins

Oben: Weltbild des Griechen Anaximander.
Unten: Tontafel mit dem Fragment der Babylonischen Weltkarte, die sich heute als bislang älteste bekannte Weltkarte im British Museum befindet.

Der Garten Eden aus *Les Très Riches Heures du Duc de Berry* (Stundenbuch des Herzogs von Berry), dem berühmtesten illustrierten Manuskript des 15. Jh.s. Das Bild zeigt ein kreisförmiges Paradies, das am östlichen Rand einer flachen Welt verortet ist.

Schwanken: So entstünden Erdbeben und Überschwemmungen.

Eine schwebende Tablette

Jahre später verwarf einer der genialsten Schüler von Thales die Idee mit der schwimmenden Erde und ließ uns von da an im Weltall schweben. Nur über die Form des Erdballs täuschte er sich ein wenig. Anaximander von Milet war davon überzeugt, dass die Erde von ihrer Gestalt her einem zylindrischen Säulenstumpf ähnele, der zweimal so breit (Ost – West) wie hoch (Nord – Süd) und auf beiden Seiten flach wie eine im Raum schwebende Riesentablette sei. Wir stünden auf der einen ihrer Grundflächen, die andere sei dieser entgegengesetzt. Bleibt noch die Frage, was unsere Antipoden machen, wenn es welche gibt, und wie, wenn überhaupt, wir sie erreichen können. Mit seinem Entwurf einer Erdkarte zählt Anaximander zu den Pionieren der Kartographie. Die Karte ist verschollen, zeigt aber nach schriftlichen Überlieferungen eine vom Ozean umgebene Erde, aufgeteilt in zwei Hälften, die Europa und Asien entsprechen. In die gleiche Richtung ging Hekataios von Milet (550–476 v. Chr.) und zeichnete eine Weltkarte mit den weiter abgelegenen Gebieten der Erde und mit Delphi als Mittelpunkt der Welt.

Pythagoras sieht sie kugelrund

Mit Anaxagoras (500–428 v. Chr.) kam ein weiterer Denker hinzu, der in den Gestirnen keine Gottheiten sah. Er war der Erste, der die Mondphasen und die damals sehr gefürchtete Finsternis verstand und sich traute, sie durch die Bewegungen der Himmelskörper zu erklären. Doch seine Theorien waren ein Skandal und brachten ihm Haft und Verurteilung wegen Gottlosigkeit ein. Wie konnte er es wagen, die Sonne nicht als Gott, sondern als glühenden Stein zu bezeichnen! Schließlich wurde er freigelassen und ging nach Athen, dem neuen Wissenszentrum. Aber hier lief es nicht viel besser. Die Theorien des Pythagoras (582–507 v. Chr.) waren weit verbreitet und der Himmel wurde als etwas Übernatürliches erklärt. Gut war nur, dass die Athener die Form der Erde schon etwas fortschrittlicher sahen. Pythagoras sprach als Erster von ihrer Kugelgestalt. Aber er hatte auch kein richtiges wissenschaftliches Argument, um diese zu beweisen. Für ihn hatte die Kugel einfach die perfekte geometrische Form, also mussten die Erde und jeder andere Himmelskörper eben Kugeln sein.

Doch die Erde stand stets unbeweglich im Zentrum des Universums. Mond und Sonne umkreisten sie. Sie waren wie die Fixsterne und die Planeten auf ihren jeweiligen Sphären (durchsichtige Kugeln) befestigt, und wenn sich die Himmelskörper auf den sie tragenden Hohlkugeln am Himmel entlang bewegten, entstanden Musiktöne. Das war die berühmte Sphärenharmonie.

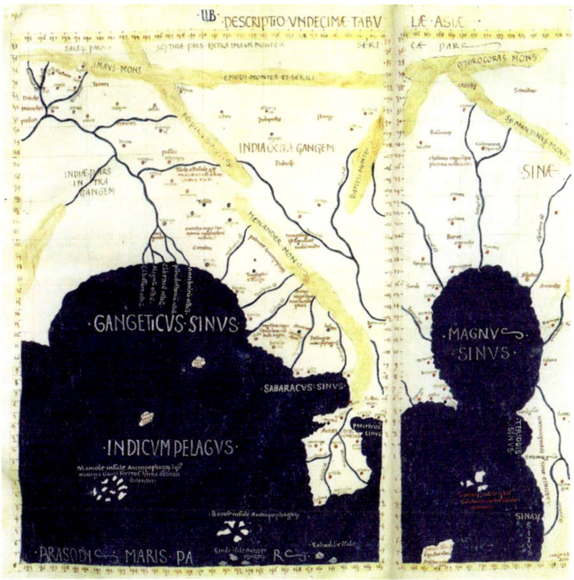

Karte von Südostasien (Ausschnitt) aus einem Manuskript der 150 n. Chr. von Ptolemäus verfassten *Geographia*. Es gibt viele Manuskript-Versionen, die dieses noch fehlerhafte Weltbild zeigen. Zu den bemerkenswertesten gehören die von Donnus Nicolaus Germanus aus dem 15. Jh.

Weltkarte des al-Idrisi aus dem 12. Jh., gefertigt mit dem Wissen der arabischen Seefahrer. Auf der Karte ist Norden unten und Süden oben.
Unten: Aristoteles, von dem die rechts aufgeführten Theorien stammen.

Aristoteles macht weiter

Pythagoras muss man für die Anwendung der Mathematik in der Astronomie danken und für seinen Glauben, dass Himmelskörper Gottheiten sind, kritisieren. Doch genau diese Sache wurde mit Plato (428–348 v. Chr.) sogar noch schlimmer. Der berühmte Philosoph ordnete die Naturgesetze des Universums den göttlichen Prinzipien unter und machte die Himmelskörper eher zu Anbetungs- als zu Studienobjekten. Sein Lieblingsschüler Aristoteles (384–322 v. Chr.) ging der Sache etwas genauer nach und zeigte in seinem Beweis für die Kugelform der Erde einen bewundernswerten Durchblick. Hier einige seiner scharfsinnigen Überlegungen:

- Reisende, die nach Ägypten oder in andere südliche Gebiete kommen, sehen Sterne, die sie in Griechenland nicht sehen können, und umgekehrt. Daraus wird ersichtlich, dass ihr Horizont und unserer nicht parallel sind und das kann nur sein, wenn die Oberfläche der Erde gekrümmt ist – obwohl dieser Effekt auch bei einer flachen Erde auftreten würde, wenn das Sternendach uns sehr nahe wäre.
- Der Erdschatten bildet sich bei einer Mondfinsternis immer rund ab, unabhängig vom Tag des Monats und der Höhe des Mondes über dem Horizont. Unter allen geometrischen Körpern (Würfel, Zylinder etc.) ist es nur die Kugel, die in jeder Stellung immer einen kreisförmigen Schatten wirft. Also muss die Erde eine Kugel sein.
- Von einem Schiff, das sich der Küste nähert, sieht man zuerst seine Mastspitze und die Matrosen sehen vom Schiff aus zuerst die Berggipfel, wenn sie sich der Küste nähern. Daraus folgt, dass die Oberfläche konvex ist. Da der Effekt in allen Häfen derselbe ist, muss die Erde kugelförmig sein.

Vom geozentrischen zum heliozentrischen Weltbild

Mit Theophrast (372–287 v. Chr.) und später Straton von Lampsakos (340–268 v. Chr.) war die wissenschaftliche Methode geboren. Das heißt, dass Mythen, Götter und Dogmen nicht mehr als Ursachen Nummer eins galten. Ab jetzt waren die Freiheit des Denkens, Forschung, Beobachtung und rationale Analysen die wichtigsten Pfeiler.

Und so kommen wir an einen Wendepunkt in der Geschichte. Mit dem Tod von Alexander dem Großen wurde sein Reich aufgeteilt und Athen musste einem aufsteigenden Alexandria weichen. Ein Pionier der Astronomie war Aristarch von Samos (310–230 v. Chr.), der als Erster das heliozentrische Weltbild vertrat. Um eine solche „Ketzerei" zu propagieren, musste man ganz schön mutig sein. Zu sagen, dass sich die Erde um die Sonne dreht, hat schon mehr als einen das Leben gekostet. Und das auch noch 1900 Jahre später, als ein gewisser Giordano Bruno von der Heiligen Inquisition bei lebendigem Leib verbrannt wurde.

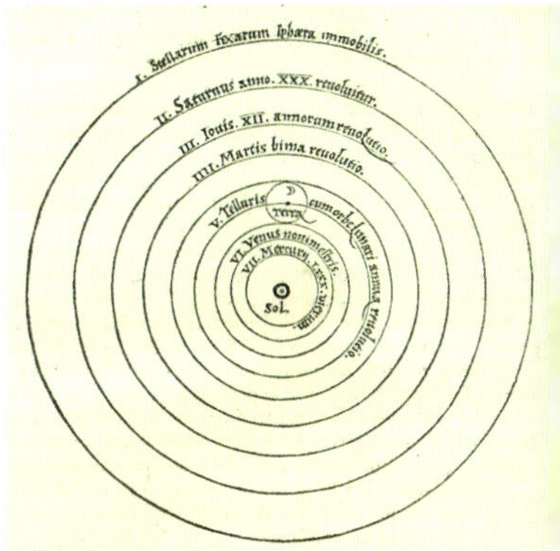

Bild des Kopernikanischen Sonnensystems. Die Sonne befindet sich im Zentrum und die Erde kreist um sie herum.

Reden ist Silber, Schweigen ist Gold

Anaximander von Milet hat seine Theorien schon vor Jahrhunderten aufgestellt. Erstaunt muss man heute zugeben, dass einige seiner Thesen gestimmt haben:

- *Die Welt entstand, als das Kalte sich vom Warmen trennte, die Erde formte sich (kalt), umgeben von einer Feuerschicht und einer weiteren inneren Schicht aus Luft. Die Feuerschicht zerbrach und durch diese Destabilisierung wurden Sonne, Mond und Sterne geboren.*
- *Die Erde schwebt, und wird von nichts aus ihrer Position verdrängt. Sie kann infolge ihres gleichen Abstands zu allen Seiten hin an ihrem Platz verharren.*
- *Die ersten Lebewesen sind in dem Feuchten entstanden und waren von stacheligen Rinden umgeben. Im Verlauf ihres Lebens sind sie auf das trockene Land gegangen und haben nach dem Zerplatzen der Rinde ihr Leben noch für kurze Zeit auf andere Weise verbracht.*

Ruhe im Mittelpunkt des Universums

FEHLER: **Die geozentrische Theorie vertreten, dass die Erde völlig unbeweglich im Zentrum des Universums steht und die Sonne, der Mond und alle anderen Gestirne um sie herumkreisen.**

Wann?
2. Jh. n. Chr.

Wer?
Der Astronom Claudius Ptolemäus (geb. um 100 n. Chr. in Tebaida, gest. um 170 in Canopus, beides Ägypten).

Folgen
Die Theorie hielt sich fast zwei Jahrtausende lang, bis sie widerlegt wurde, und hat viele Wissenschaftler, die sie in Frage stellten, ins Unglück gestürzt. Sie wurden verfolgt, eingesperrt oder (wie Giordano Bruno) auf dem Scheiterhaufen verbrannt.

In der Antike stand zweifelsfrei fest, dass die Erde der Mittelpunkt des Universums ist. Ein Irrtum, der auf die großen Astronomen und Intellektuellen dieser Zeit wie den Gelehrten Claudius Ptolemäus zurückgeht.

Der Philosoph, Astronom, Geograph und Mathematiker beobachtete unermüdlich das Verhalten der Gestirne. Zurückgezogen in der legendären Bibliothek von Alexandria verbrachte er sein ganzes Leben mit dem Studium der Sterne, legte ihre Größe und ihre Helligkeit fest und begründete Regeln, um eine Finsternis vorhersagen zu können. Aber seine wichtigste (und völlig falsche) Erfindung war ein eigenartiges Modell des Universums. Ptolemäus war „Geozentriker" oder konkret gesagt: Er glaubte, dass die Erde regungslos das Zentrum des Universums besetzt, während Sonne, Mond, Sterne und die restlichen Planeten sie umkreisen, und zwar gemäß seiner Epizykeltheorie. Laut Ptolemäus bewegten sich die Planeten auf kleinen Kreisbahnen, Epizykel genannt, die ihrerseits auf einer großen Kreisbahn (Deferent) um die Erde wanderten. Das sollte die Unterschiede in ihrer Helligkeit und ihren Bewegungen erklären.

Nach Ptolemäus befindet sich die Erde fest im Mittelpunkt des Weltalls und der Mond, die Sonne sowie die anderen Planeten kreisen um sie herum. Das Ganze wird von einer großen Sphäre, dem „Ersten Beweger" oder *Primum mobile* angetrieben.

Immer im Kreis?

Während einige noch nach Beweisen dafür suchten, dass die Erde nun flach, gewölbt oder kugelrund ist, gingen andere ein wenig weiter. Diese Theorien hatten in der damaligen Zeit großen Erfolg. So großen, dass sie das Denken der Astronomen und Mathematiker bis ins 16. Jh. beeinflusst haben. Manchmal ist die Menschheit

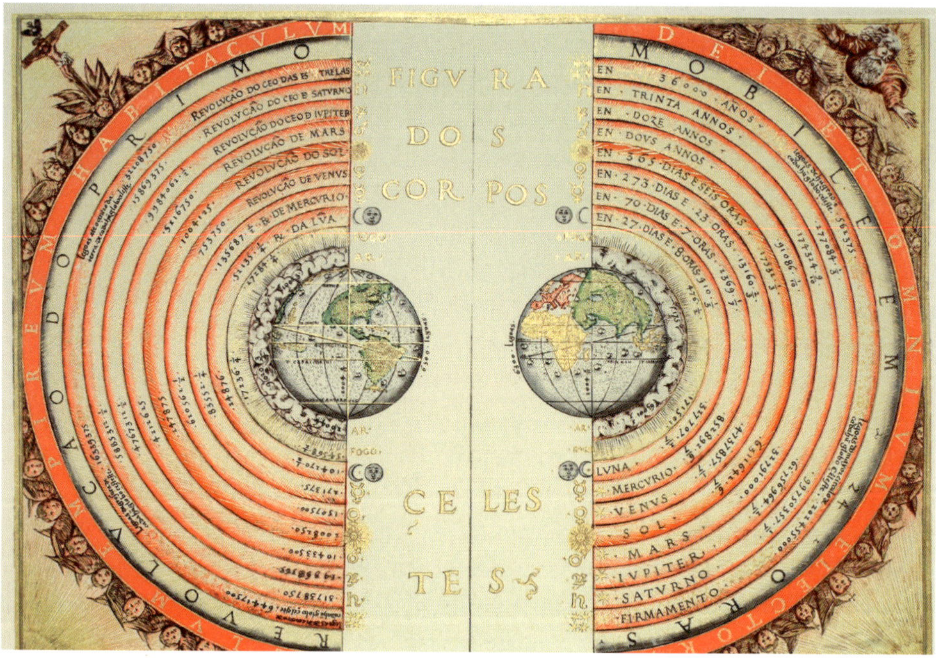

Kosmosdarstellung des portugiesischen Kartographen Bartolomeu Velho aus dem Jahr 1568, die auf das Werk *Cosmographia* von Claudius Ptolemäus zurückgeht und sich heute in der Nationalbibliothek in Paris befindet.

ein bisschen langsam und braucht etwas länger, um ihre Fehler zu erkennen …

Es gab vor Ptolemäus schon andere Gelehrte, die dieses geozentrische Modell vertreten haben. Nach seinem Lehrer Platon war die Erde eine Kugel, die fest verankert im Zentrum des Universums ruhte. Die Sterne und Planeten kreisten um die Erde in himmlischen Sphären und in folgender Anordnung (von außen zur Mitte hin): Mond, Sonne, Venus, Merkur, Mars, Jupiter, Saturn und die restlichen Sterne. Dann kam Ptolemäus und veränderte diese Anordnung. Die Erde war, selbstverständlich, immer noch fest im Zentrum verankert, dann kam zunächst der Mond, nach ihm Merkur, Venus, Sonne, Mars, Jupiter, Saturn und die Sterne. Aber die Theorie hatte einen Haken und die Astronomen hatten zunächst keine Lösung parat. Einige Planeten wie die Venus, vor allem aber der Mars, beschrieben keine Kreis-, sondern Schleifenbahnen am Himmel. Meist bewegten sie sich vorwärts, von Zeit zu Zeit aber auch rückwärts. Das war natürlich schlecht, weil jeder glaubte, dass die himmlischen Bewegungen und Formen perfekte Kreise bildeten.

An Aristarch scheiden sich die Geister

Die Lösung war zum Greifen nah, als einige Gelehrte anfingen, das geozentrische Weltbild in Frage zu stellen. Die Ersten waren Schüler des Pythagoras (wie Hiketas, Ekphantos). Sie glaubten, die Erde sei einer von vielen Planeten, die um ein „Zentralfeuer" kreisen. Herakleides Pontikos vertrat die Meinung, dass sich die Planeten um die Sonne drehen und diese ihrerseits die Erde umkreiste. Es war einfach zum Durchdrehen!

Doch der Radikalste von allen war Aristarch von Samos. Der griechische Astronom und Mathematiker ging später in die Geschichte ein, weil er als einer der Ersten das heliozentrische Weltbild vertrat, wonach die Sonne und nicht die Erde im Zentrum des Universums steht. Aber damals

Die Schule von Athen, Fresko des Malers Raffael aus dem Jahr 1511. Das Bild zeigt alle Genies der Antike – nun ja, fast alle, denn der Grieche Aristarch von Samos fehlt, also der, der vor allen anderen die Erde richtig platziert hat. Aber man sieht seinen Vorgänger Ptolemäus – zumindest vermutet man das – rechts vorn mit dem Rücken zum Betrachter und einem Globus in der Hand.

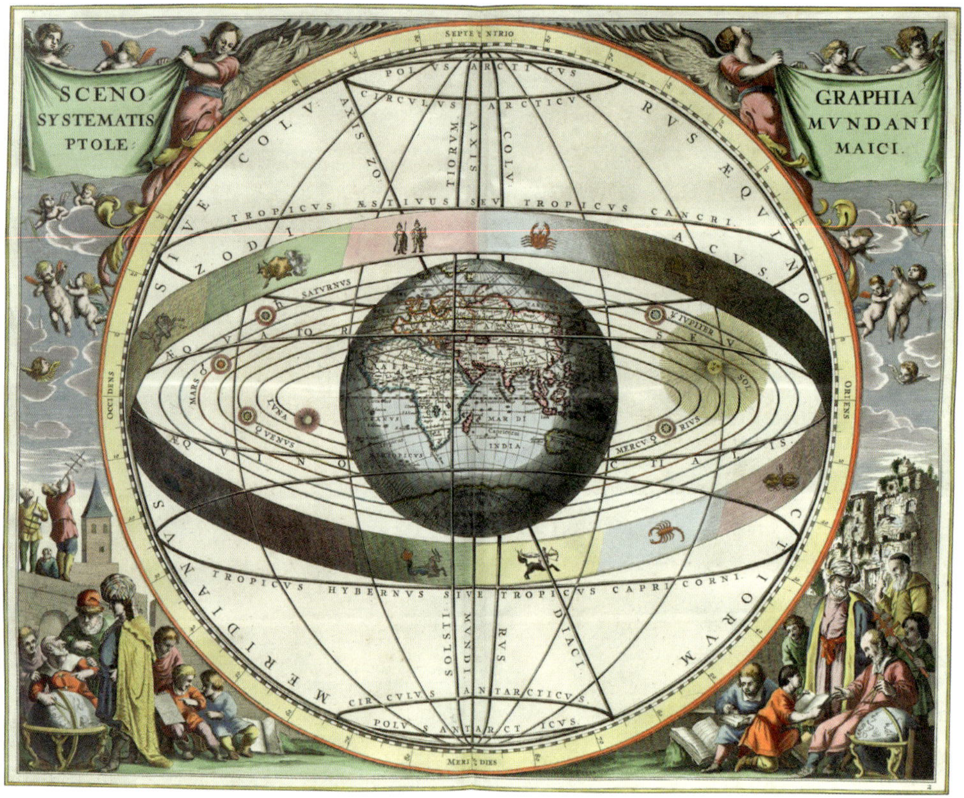

Der deutsche Kartograph Andreas Cellarius veröffentlichte 1660 seine *Harmonia Macromisca*, einen reich bebilderten Himmelsatlas, aus dem wir hier eine Darstellung des auf Tycho Brahe zurückgehenden Weltbilds sehen.

stand er nur unter Beschuss. Die Ablehnung, die ihm und seiner Theorie entgegenschlug, wird im Dialog *Über das Mondgesicht* von Plutarch deutlich:

> „Kleanthes [ein Zeitgenosse des Aristarch] glaubte, es sei die Pflicht der Griechen, Aristarch von Samos wegen Gottlosigkeit anzuklagen, dafür, dass er die Heimstätte des Universums [die Erde] in Bewegung versetzt habe, [...] indem er annahm, der Himmel befände sich in Ruhe und die Erde drehe sich in einem schiefen Kreis und rotiere dabei um die eigene Achse." (Plutarch, *Moralia. De facie quae in orbe lunae apparet,* 923a).

Alle Astronomen wetterten gegen Aristarch. Seine Argumentation war einfach, aber falsch. Nach Meinung der meisten müsste man doch, falls sich die Erde um die Sonne dreht, Veränderungen in der relativen Position der Sterne feststellen können, wenn diese von unterschiedlichen Punkten der Erdbahn aus beobachtet werden. Aber das war nicht so. Natürlich waren die astronomischen Messgeräte zur damaligen Zeit zu primitiv, um eine Parallaxe nachweisen zu können: Die Erde dreht sich um die Sonne, aber die Sterne sind so unvorstellbar weit entfernt, dass die Verschiebung nur verschwindend klein und nicht mehr mess-, sondern nur schätzbar ist. Ebenso glaubten seine Gegner, dass, falls sich die Erde tatsächlich bewegen sollte, auf ihrer Oberfläche Winde entstehen würden, die den Planeten unbewohnbar machten. Nach Ptolemäus musste die Achsendrehung der Erde wahrnehmbare Auswirkungen haben, wenn man einen Stein von einer Turmspitze fallen ließ. Seine Bahn müsste eine Abweichung nach Westen zeigen (was nicht der Fall ist), außerdem würde die Zentrifugalkraft alle Erdenbewohner in den Weltraum befördern.

Kopernikus war der erste moderne Astronom. Er hatte so viele Professionen, dass ihm kaum Zeit blieb, sich der Astronomie zu widmen, aber er war ein Genie. Er hat der Sonne ihren richtigen Platz zugeteilt und wurde von der Inquisition nicht verbrannt.

Von Kopernikus bis Einstein

So fanden die astronomisch revolutionären Erkenntnisse des Aristarch keinen Anklang und gerieten in Vergessenheit. Für sehr lange Zeit! Erst 1700 Jahre später griff der Gelehrte Nikolaus Kopernikus (1473–1543) das heliozentrische Modell wieder auf. Die Erde wurde von ihm also entgegen allen gültigen Philosophien und Lehren wieder aus dem Mittelpunkt der Welt herausgelöst und verlor durch die Einstufung als simpler Planet ihre bis dato streng eingeforderte Sonderstellung im Universum, die von nun an der Sonne zukam.

Johannes Kepler, Nachfolger von Kopernikus, war einer der größten Mathematiker der Geschichte. Ursprünglich entwarf er ein geometrisches Modell der Planetenbewegungen, das den pythagoräischen Harmoniegesetzen entsprechen sollte. Erst als er Zugang zu den Arbeiten von Tycho Brahe erhielt, begriff er, dass die Planetenbahnen Ellipsen und keine vollkommenen Kreise beschreiben, und konnte seine drei berühmten Gesetze formulieren.

In seinem Werk *De revolutionibus orbium coelestium* behauptete Kopernikus, dass sich die Erde wie auch andere Planeten um die Sonne drehen. Aber er konnte die Konkurrenz nicht überzeugen. Seine heliozentrische Theorie machte dieselben Vorhersagen für den täglichen Stand der Gestirne, wie die des Ptolemäus.

Den geozentrischen Irrtum aus der Welt zu schaffen war nicht möglich. Bis im Dezember 1610 ein Mann namens Galileo Galilei (1564–1642) durch sein (selbst erfundenes) Fernrohr blickte und sah, dass sich der Planet Venus genau wie der Mond in verschiedenen Phasen zeigte. Ptolemäus dürfte in seinem Grab gebebt haben, denn Galileis Beobachtung war mit seinem geozentrischen System völlig unvereinbar.

Galilei entdeckte die vier größten Jupitermonde, was wiederum bewies, dass nicht alle Himmelskörper um die Erde kreisen. Er veröffentlichte seine Beobachtungen in seinen Werken *Sidereus Nuncius* (Nachricht von den Sternen) im Jahr 1610 und dem *Dialog über das ptolemäische und kopernikanische Weltsystem* von 1632. Nur ein Jahr später wurde Galilei gezwungen, seine Ideen zu widerrufen. Er durfte sie nicht mehr lehren oder verbreiten, seine Bücher standen auf dem Index und wurden öffentlich verbrannt.

Die Debatte war damit jedoch nicht beendet. Schon vor Galilei hatte sich Giordano Bruno (1548–1600) unter jene eingereiht, die der Sonne den zentralen Platz im Universum zuwiesen. Der neapolitanische Mönch und Astronom postulierte die Unendlichkeit des Weltraums und die ewige Dauer des Universums, ließ damit das kopernikanische Modell fast klein erscheinen und behauptete sogar, dass weder den Menschen noch der Erde irgendeine privilegierte Position darin zukäme. Was für eine Blasphemie! Sie brachte ihm prompt die Verfolgung durch die katholische Kirche, acht Jahre Kerker und schließlich den Tod ein. Er wurde am 17. Februar 1600 als „sturer Ketzer" auf dem Scheiterhaufen verbrannt. Kurz nach seinem Tod stellte der deutsche Mathematiker und Astronom Johannes Kepler (1571–1630) ein Modell vor, in dem sich die Sterne auf einer elliptischen, also nicht mehr kreisförmigen Umlaufbahn bewegten. Später erklärte Isaac Newton (1643–1727) mit seinem 1687 aufgestellten Gesetz der universalen Gravitation, warum die Umlaufbahnen diese Form haben und welche Kraft sie aufrechterhält. Und so ging es weiter bis zur Relativitätstheorie. Durch die im Jahr 1905 vom Physiker Albert Einstein (1879–1955) aufgestellte Gravitationstheorie ist es nun möglich, die Position und die Bewegung eines Sternes von jedem beliebigen Punkt des Universums aus zu bestimmen. So lautet die Theorie, die wir heute alle für gültig halten. Aber stimmt sie auch? Das wird die Zukunft zeigen …

Ptolemäus versus Kopernikus

Erde oder Sonne? Wem gebührt der Platz im Zentrum unseres Universums? Eine scheinbar leicht zu beantwortende Frage hat über Jahrhunderte die Geister geschieden und die Gemüter erhitzt.

In seinem zwischen 138 und 161 verfassten Werk *Almagest* stellt Ptolemäus die folgenden Grundsätze auf:

- Das Himmelsgebäude hat Kugelgestalt und dreht sich wie eine Kugel.
- Die Erde ist ebenfalls kugelförmig und befindet sich in der Mitte des Himmels.
- Zu den großen und fernen Fixsternen verhält sich die Erde wie ein Punkt.
- Die Erde ihrerseits bewegt sich nicht.
- Die Planeten bewegen sich in ihren Sphären auf kleinen Kreisbahnen, die ihrerseits auf einer großen Kreisbahn um die Erde wandern.

Jahrhunderte später schrieb Kopernikus sein Werk *De revolutionibus orbium coelestium* (Erstdruck 1543) und setzte damit seine heliozentrische Theorie in die Welt. Er vertrat folgende Thesen:

- Die Erde ist nicht der Mittelpunkt des Weltalls.
- Der einzige Himmelskörper, der sich um die Erde dreht, ist der Mond.
- Die Planeten wandern um die Sonne.
- Die Erde ist nicht unbeweglich, sondern dreht sich um sich selbst, und auf diese Weise entstehen Tag und Nacht.

Ist dies menschliche Anatomie?

FEHLER: **Sich Kenntnisse über die Anatomie durch die Erforschung von Affen, Schweinen und anderen Tieren verschaffen und diese ungeprüft auf den Menschen übertragen.**

Wann?
2.–16. Jh. n. Chr.

Wer?
Galen von Pergamon (geb. 129 in Pergamon, gest. 200 n. Chr. in Rom).

Folgen
Während des gesamten Mittelalters wurde die Medizin nach den Theorien von Galen gelehrt. Seine irrigen Lehren führten dazu, dass die Erforschung und Entwicklung der Anatomie bis zu Vesalius im 16. Jh. stagnierte.

„Für mich steht es, dank der modernisierten Kunst der Sezierung, nach sorgfältigem Studium der Bücher Galens und seiner Korrekturen an manchen Stellen eindeutig fest, dass er noch nie einen menschlichen Körper seziert (obwohl er Zugang zu zwei schon verwesten menschlichen Leichen hatte) und sich die Kenntnisse von seinen Affen beschafft hat, die dann in unzulänglicher Weise auf die Anatomie des Menschen übertragen als Lehrstoff für die Ausbildung von Ärzten galten."

De Humani Corporis Fabrica,
Andreas Vesalius

Galen sezierte Tiere, um anatomische Erkenntnisse zu gewinnen, weil es im alten Rom verboten war, menschliche Leichen zu öffnen. Man sagt, dass er 20 Schreiber hatte, die seine Beobachtungen mit Anmerkungen versehen in Griechisch, der damals üblichen Wissenschaftssprache, notierten.

Galen wurde in der griechischen Stadt Pergamon, dem heutigen Bergama in der Türkei, geboren, wo er schon in jungen Jahren als Arzt in der örtlichen Gladiatorenschule zu arbeiten begann. Da diese Kämpfer (meist Sklaven) zu jener Zeit von unschätzbarem Wert waren, mussten sie fachgerecht behandelt sowie fit und gesund gehalten werden. Heute wäre diese Aufgabe mit der eines Mannschaftsarztes der NBA oder der *Premier League* vergleichbar.

Dank seiner praktischen Erfahrung konnte Galen mehr als nur einem Gladiator das Leben retten und kam bald zu

Pollice verso, von Jean-Léon Gérôme, 1872. Anscheinend bezieht sich der Titel des Bildes „Daumen nach unten" auf die Geste der Zuschauer, die den besiegten Gladiator entweder begnadigen oder zum Tode verurteilen konnten. Galen war als Arzt dieser tapferen Kämpfer mit schrecklichen Wunden konfrontiert, die von den unheimlich scharfen Waffen verursacht wurden.

Andreas Vesalius deckte viele Fehler von Galen auf. Als Professor der Anatomie und Chirurgie in Padua lehrte Vesalius das Sezieren von Tieren, bis er 1539 die Genehmigung bekam, die Leichen aller zum Tode verurteilten Delinquenten sezieren zu dürfen.

Ruhm und Geld. Sein guter Ruf drang auch zu den Mächtigen und Reichen der Stadt vor, die immer häufiger nach seinen Diensten als Arzt verlangten.

Von Pergamon nach Rom

Galen träumte davon, der wichtigste Arzt seiner Zeit zu werden, und Pergamon erschien ihm dafür etwas zu klein. So ging er im Alter von 33 Jahren nach Rom. Bald hatte er dort selbst in den höchsten Rängen der Aristokratie einen so guten Ruf, dass z. B. Mark Aurel, Commodus oder Septimius Severus ihn als Leibarzt verpflichteten. Galen war unermüdlich und nutzte seinen beruflichen Erfolg, um zahlreiche medizinische Schriften zu veröffentlichen. Im Laufe seines Lebens verfasste er über 400 Werke, von denen aber die meisten im Jahr 192 bei einem Brand in Rom verloren gingen. Seine Ansichten in Schriften wie *De anatomicis administrationibus* (Die anatomischen Untersuchungen), *De usu partium* (Über den Nutzen der Körperteile) oder *Methodus medendi* (Die Methode der Therapie) prägten als Lehrstoff für Ärzte die Medizin mehr als 1500 Jahre lang, bis der flämische Arzt und Anatom Andreas Vesalius einige Irrtümer in Galens gesammelten Werken nachweisen konnte. Zum Beispiel deckte Vesalius auf, dass das Herz vier Hohlräume hat, die Leber zwei Lappen und die Blutgefäße nicht von der Leber, sondern vom Herz ausgehen.

Ein bisschen neben der Spur

Bis heute gilt Galen als Vater der modernen Anatomie, der seine Lehre größtenteils auf die Sektion von Tieren (Affen, Schweinen, Hunden …) stützte. Es war zu dieser Zeit verboten, menschliche Körper zu sezieren, und so kam, was kommen musste: Galen warf Mensch und Tier in einen Topf und vertat sich bei der Bestimmung der Knochen, Organe, Blutgefäße und anderen Organe. Er beschrieb minutiös die Anatomie der Hand und der Finger sowie die Funktion jedes Muskels der einzelnen Glieder – allerdings war es die Hand eines Affen. Falsch lag er bei der tiefen Beugesehne der Finger, denn er hatte für diese inklusive Daumen nur fünf Sehnen eingeteilt, und somit nicht erkannt, dass der Gegensteller des Daumens ein eigenständiger Muskel ist. Genau dieser ermöglicht die besondere Greiffunktion der menschlichen Hand, die sie von der eines Primaten komplett unterscheidet. Zu den vielen Irrtümern in seinen Werken gehören auch die fünflappige Leber, der zweihörnige Uterus oder das siebenteilige Brustbein.

Außerdem propagierte der bedeutendste Arzt des römischen Kaiserreichs, dass der Eiter ein gutes Symptom sei, da er die Wunde reinige. Die Ansicht hielt sich über viele Jahre.

Nerven und Lebensgeist

Galen interessierte sich auch für das Nervensystem. Aus seinen Beobachtungen zog er den Schluss, dass es zwei Arten von Nervenbahnen gibt, eine für die Empfindungen und eine für die physischen Bewegungen (bekannt als sensorische und motorische Nerven). Und was reiste auf diesen Bahnen? Galen bot eine Hypothese an, die 1500 Jahre als richtig galt. Er entschied, dass das Gehirn aufgrund seiner zentralen

Bild aus dem *Fasciulus Medicinae* des Johannes de Ketham (Johannes Kirchheimer), 1491 erstmals gedruckt. Das Buch über medizinische Themen war in lateinischer Sprache verfasst.

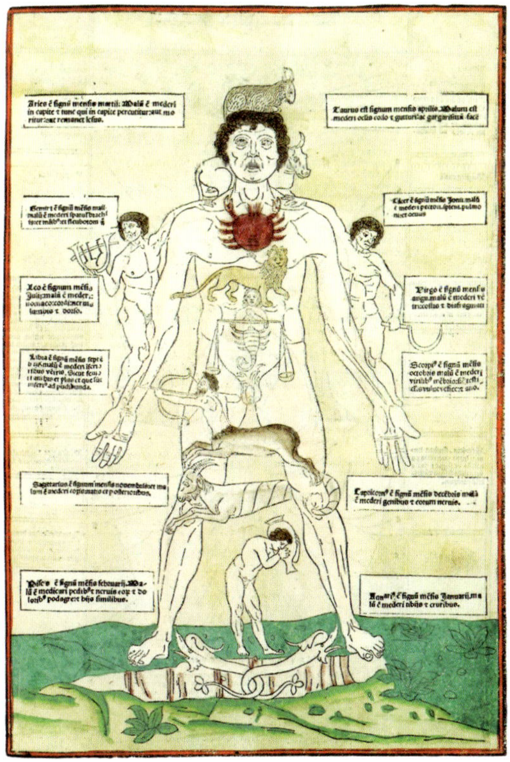

Dieses Wandbild in der Kathedrale von Anagni, Italien, zeigt Galen und Hippokrates beim Wissensaustausch.

Lage im Körper wie eine Art Brunnen funktioniert, aus dem alle Organe, insbesondere aber die Muskeln über ein Netzwerk aus hohlen Nerven (Röhren) mit einem luftigen Lebensgeist, dem *spiritus animalis*, versorgt werden. Dieser entsteht in den Hirnkammern, fließt durch die Hohlräume der Nervenbahnen und bewirkt alle körperlichen und geistigen Funktionen. Über die Entstehung der Lebensgeister schrieb Galen, dass der vom Gehirn ausgehende *spiritus animalis* zu den Nerven zieht, dann durch die verdaute Nahrung aus dem Darm in die Leber gelangt, wo er zum *spiritus naturalis* wird, und von der Leber aus zum Herzen fließt, wo er als *spiritus vitalis* wieder über die Arterien zum Gehirn kommt. Diese These von den mit „Seelenpneuma" gefüllten Hohlnerven als Erklärung für die Übertragung des Gemüts- und Bewegungsprinzips wurde bis ins 17. Jh. hinein nicht in Frage gestellt. Die ersten Untersuchungen mit einem einfachen Mikroskop, das 1665 von Robert Hooke erfunden wurde, bestätigten nicht, dass die Nerven innen hohl sind.

Alle anderen irren sich

In all den Jahren seiner medizinischen Karriere hat Galen keinen seiner Fehler zugegeben. Seine in autoritärem Ton verfassten Schriften lassen keinen Zweifel daran, dass er überheblich und völlig von sich eingenommen war. Alle, die eine andere Ansicht vertraten oder seine Theorien kritisierten, waren für ihn Ignoranten, Dummköpfe oder beides. Bei Fachdiskussionen verfolgte Galen immer dieselbe Strategie: Zuerst machte er sich ein Bild von seinem Gesprächspartner, fasste dann dessen Meinung zusammen, nur um sie sofort zu zerpflücken, und ließ dabei keine Gelegenheit aus, sie als absurd, lächerlich, geistesschwach oder noch schlimmer zu bezeichnen; danach rief er seinen geliebten Hippokrates auf den Plan und stellte fest, in welchen Punkten sein Opfer sogar dem Weisen aus Kos widersprach.

Galens medizinische Arbeit verdient dennoch große Anerkennung, da die Instrumente jener Zeit viel zu wünschen übrig ließen, ebenso die Hygiene. Auch in modernen Büchern über die menschliche Anatomie tauchen noch Namen auf, die Galen bestimmten Muskeln gegeben hat.

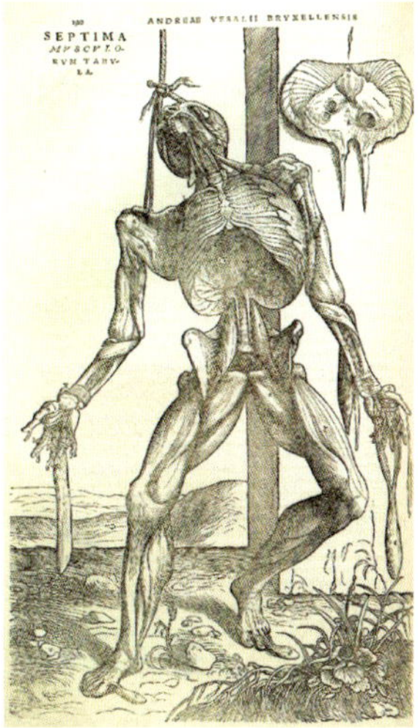

Eine der Zeichnungen mit der Darstellung einer menschlichen Sektion aus dem siebenbändigen Werk *De humani corporis fabrica* von Andreas Vesalius, das er als Leibarzt Karls V. diesem gewidmet hatte.

Die vier Körpersäfte

Galen übernahm die hippokratische Lehre von den vier Körpersäften: Blut, Schleim, gelbe Galle und schwarze Galle. Nach seiner These wurde das Blut in der Leber gebildet, die gelbe Galle in der Gallenblase, die schwarze Galle in der Milz und der Schleim in der Hirnanhangdrüse. Die vier Körpersäfte entsprachen den vier Elementen, herrschten in bestimmten Jahreszeiten vor und bestimmten die vier Temperamente.

Blut gehörte zur Luft und dominierte im Frühjahr (Temperament: Sanguiniker), gelbe Galle: Feuer, Sommer (Choleriker), schwarze Galle: Erde, Herbst (Melancholiker) und Schleim: Wasser, Winter (Phlegmatiker).

Der Körper erkrankte, wenn ein Ungleichgewicht der vier Körpersäfte vorlag. Dies wurde anhand des Pulsschlags, des Urins und der entstandenen Organentzündungen diagnostiziert.

Kokain heilt

FEHLER: Kokain als Heilmittel bei der ärztlichen Behandlung anpreisen.

Wann?
1880.

Wer?
Laboratorien in Nordamerika und Europa und Persönlichkeiten wie Sigmund Freud.

Folgen
Tausende Vergiftete und Abhängige durch eine neue Droge.

„Verlieren Sie keine Zeit, um glücklich zu sein. Fragen Sie nach Kokain, wenn Sie sich erschöpft oder niedergeschlagen fühlen."

Werbekampagne von Parke-Davis

Es begann vor über 400 Jahren, als Francisco Pizarro (1476–1541) mit seinem Heer Peru eroberte. Die Dschungel-Bedingungen waren extrem strapaziös und die Soldaten fielen um wie die Fliegen. Bald bemerkten sie jedoch, dass ihre indigenen Begleiter viel mehr aushalten und sogar anstrengende Gewaltmärsche problemlos meistern konnten. Sie waren aber keine Übermenschen, vielmehr lag ihr Geheimnis darin, dass sie den ganzen Tag kleine Blätter kauten. Diese stammten von einem leicht zu züchtenden, in den Anden von Peru und Bolivien wild wachsenden Strauch *(Erythroxylum coca)*. Beim stundenlangen Kauen von Kokablättern wird vom Speichel das anregende Alkaloid Kokain freigesetzt, das zu einer Leistungssteigerung und einem Gefühl der Euphorie führt. Genau das war es, was die Kauenden so unermüdlich und die Spanier so verdutzt machte. Mitte des 17. Jh.s lag der in den Anden traditionelle Verbrauch an Kokablättern pro Person und Tag zwischen 25 und 50 Gramm.

Die Geburtsstunde des Kokains

Es dauerte nicht lange und man hörte auch in Europa von der Wirkung. Immer mehr Forschungsreisende und Entdecker brachten bei ihrer Rückkehr Kokablätter mit und erzählten Geschichten über die Wundereigenschaften der Pflanze. So auch der italienische Arzt Paolo Mantegazza (1831–1910), der 1859 nach seiner Heimkehr aus Peru behauptete, ein pflanzliches Mittel entdeckt zu haben, das ganz außergewöhnliche Heilkräfte entwickelt. Im selben Jahr gelang es dem deutschen Chemiker Albert Niemann (1834–1861), das berühmte Alkaloid der Kokablätter in kris-

Das Kauen von Kokablättern hilft in den Anden gegen Höhenkrankheit. Verarbeitet zu Kokain entsteht daraus ein starkes Aufputschmittel, dessen Nebenwirkungen nicht lange verborgen blieben.

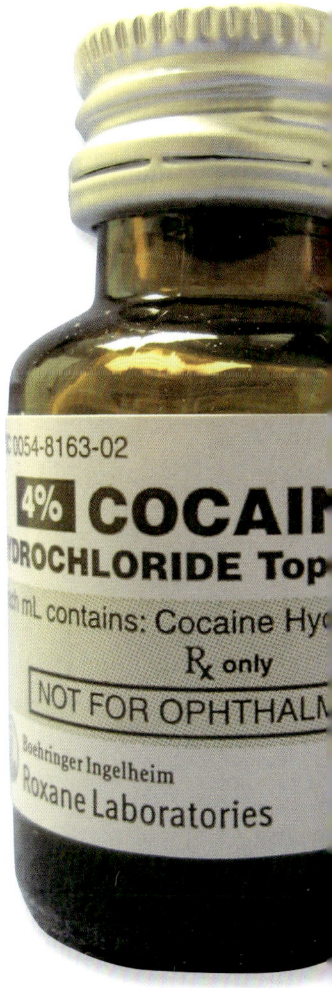

talliner Form zu isolieren. Er gab ihm den Namen Kokain – eine neue Droge war in der Welt. Von diesem Moment an begannen die Amerikaner und die Europäer mit der Substanz zu experimentieren und fanden viel mehr Vor- als Nachteile. 1880 wurde Kokain in das offizielle US-Arzneibuch *(Pharmacopaia)* aufgenommen. Am Verkauf von Kokain interessiert waren vor allem auch Pharmakonzerne wie Parke-Davis & Co., die mit dem Versprechen auf Kundenfang gingen, das in ihren Produkten enthaltene Kokain könnte „Nahrung ersetzen, Feiglinge mutig, Schweigsame redselig … und Leidende schmerzfrei“ machen. Das offiziell gegen Heuschnupfen zugelassene Kokain kam generell gut an und wurde als allheilendes Wundermittel gefeiert, das die Nerven beruhigt, die Verdauung reguliert, Müdigkeit beseitigt und Schmerzen lindert.

Sigmund Freud hielt Kokain fälschlicherweise für ein Allheilmittel. Als er seinen Trugschluss erkannte, setzte er unverzüglich alles daran, seine schlechte Angewohnheit loszuwerden. Schade, dass er sich nicht auch den Tabak und das Pfeiferauchen abgewöhnen konnte, vielleicht wäre ihm dann sein schmerzhafter Krebs erspart geblieben.

Freud ist begeistert

In Europa begann der deutsche Militärarzt Theodor Aschenbrandt mit der neuen Substanz zu experimentieren und verabreichte im Rahmen einer Übung den Soldaten eines bayerischen Regiments reines Kokain. Prompt wurden sie leistungsstarke Kadetten, die sich stundenlang drillen ließen … eine unermüdliche Armee, der Traum eines jeden Landes! Aschenbrandt äußerte seine Verblüffung in seinem Artikel *Die physiologische Wirkung und die Bedeutung des Cocains*, der in einer medizinischen Fachzeitschrift erschien und so dem renommierten Arzt und Neurologen Sigmund Freud in die Hände fiel. Freud war beeindruckt und fing an, selbst Kokain zu nehmen, um die Wirkung persönlich bezeugen zu können. Der Vater der Psychoanalyse war sicher, dass er ein wirksames Medikament zur Behandlung von Verdauungsstörungen, Neurasthenie, Gesichtsneuralgie, Asthma und sogar Impotenz gefunden hatte. Auch bei Morphiumsucht hielt er es für empfehlenswert. So sollte es auch zum ersten bekannten Kokainabhängigen kommen. Um seinen Freund Dr. Ernst Fleischl von Marxow von seiner Morphiumsucht zu heilen, gab er ihm Kokain in kleinen Dosen. Doch der Versuch, den Teufel mit dem Belzebub auszutreiben, misslang. Sein Kollege wurde abhängig und starb sechs Jahre später … an Morphium- und Kokainsucht.

Freud blieb zunächst von den Vorteilen dieser Droge überzeugt, veröffentlichte Artikel und hielt Vorträge zu dem Thema … er war begeistert, wie ein Brief an seine Frau Martha belegt:

> „…und ich vermute dann, dass das Mittel sich seinen Platz in der Therapie erobert, neben und über dem Morphium … ich nehme es regelmäßig gegen Verstimmungen und gegen Druck im Magen mit dem glänzendsten Erfolg in sehr kleinen Dosen."

Coca-Cola enthielt ganz am Anfang Kokain. Sie war natürlich ein wunderbar stimulierendes Getränk, das in der Apotheke ihres Erfinders verkauft wurde, und damit das so blieb, wurde später bei der industriellen Herstellung Koffein als Ersatz für das Kokain zugesetzt.

In seinen Schriften und Aufsätzen über Kokain nannte Freud sechs Wirkbereiche für die therapeutische Anwendung: zum Aufputschen als Stimulans, bei Magenerkrankungen, bei Kachexie, zur Heilung von Morphin- und Alkoholabhängigkeit, zur lokalen Betäubung bei Schmerzen und als Aphrodisiakum bei vermindertem Sexualtrieb.

Bald hagelte es Kritik von seinen Kollegen, vor allem nach dem Tod seines Freundes Dr. Fleischl. 1885 beschrieb der deutsche Chemiker Emil Erlenmeyer Kokain als die „dritte Geißel der Menschheit" nach Opium und Alkohol. Freud begann, seine Thesen über Kokain zu widerrufen. Um die Wende zum 20. Jh. legte Freud mit seiner Traumdeutung den Grundstein für die Psychoanalyse. Dieser widmete er von nun an seine volle Aufmerksamkeit, verlor das Interesse an Kokain und seine Drogen-Episode geriet bald in Vergessenheit.

Rauchen ist gesund

FEHLER: Millionen von Amerikanern mit hübschen Bildern von Ärzten, Filmstars und Sportlern in teuren Werbekampagnen vorgaukeln, dass Rauchen gesund ist.

Wann?
1920-1950.

Wer?
Die Tabakindustrie.

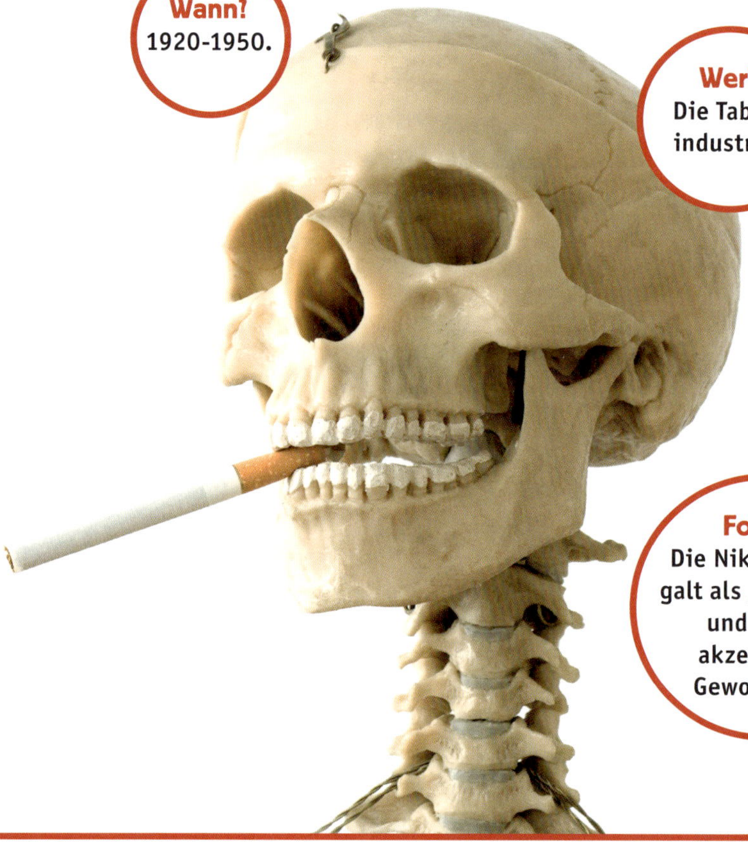

Folgen
Die Nikotinsucht galt als „gesunde" und sozial akzeptierte Gewohnheit.

„Die meisten Ärzte rauchen Camel lieber als jede andere Zigarette."
Werbekampagne in den 1950er-Jahren

Jedes Jahr am 31. Mai findet der von der Weltgesundheitsorganisation (WHO) eingeführte Weltnichtrauchertag statt. Die Kampagne soll uns daran erinnern, dass der Tabakkonsum eine der größten Gefährdungen für die Volksgesundheit darstellt. Früher Tod, Krebs, Herz-Kreislauf-Erkrankungen, Zahnprobleme … wir wissen das alles. Aber zwischen 1920 und 1950 ging man ein wenig anders mit diesem Thema um. Rauchen war elegant, sozialverträglich und sogar gesund! Für den Hals, die Merkfähigkeit, die Verdauung und den Stressabbau. So zeigten es überall die Werbekampagnen mit Slogans wie: „Kümmern Sie sich um Ihre Gesundheit, rauchen Sie eine Chesterfield", „L & M: genau das hat Ihnen Ihr Arzt verschrieben", „Lucky Strike: 11 105 Ärzte sagen, dass Lucky Strikes vor Halsreizungen und Husten schützen" oder „20 679 Mediziner bestätigen, dass Luckies weniger Reiz verursachen".

Ende der 50er-Jahre ging ein im *Journal of the American Medical Association* veröffentlichter Artikel sogar so

Hoffentlich kommt nie der Tag, an dem uns mit gutem Wein und Schinken dasselbe passiert wie mit dem Tabak, der plötzlich vom gesunden Genussmittel zum Killer Nummer eins mutierte. Nach 2000 Jahren hätten wir dann herausgefunden …

weit zu behaupten, wissenschaftliche Studien hätten bewiesen, dass die Zigaretten von Philip Morris Reizhusten mindern und Ärzte sie deshalb ihren Patienten empfehlen sollten. Es gab etliche Marlboro-Anzeigen mit abgebildeten Babys und Texten wie: „Mami, bevor du mich ausschimpfst … solltest du dir vielleicht lieber eine Marlboro anzünden" und „Du brauchst nicht mehr in die Luft zu gehen – das ist das Wunder von Marlboro". Eine andere Zigarettenmarke, Camel, hat diese Kampagne ins Leben gerufen:

Ja, das war damals, als der Tabak sogar von Ärzten empfohlen wurde; da war er für Raucher vielleicht noch ein Mittel, um innere Ruhe zu finden. Klar, dass er seine entspannende Funktion längst verloren hat in einer Zeit, in der man gute Gene und die richtige Ernährung braucht, um ein hohes Lebensalter zu erreichen.

„Ein Arzt hat im Leben kaum einmal Zeit für sich selbst. Er unterbricht seinen Urlaub, seine Freizeit und in vielen Nächten auch seinen Schlaf, um in Notsituationen zu helfen. Eine Pause während seines vollbeschäftigten Tages bedeutet oft nur, dass er sich eine Zigarette gönnen kann … Die Hersteller von Camel sind stolz darauf, dass von 113 597 Ärzten, die gefragt wurden, welche Zigarettenmarke sie bevorzugen, die meisten vor allen anderen Marken Camel nannten. Die Umfrage erfolgte landesweit und umfasste Ärzte aus jedem Zweig der Medizin. Drei unabhängige Nachrichtenagenturen bestätigen das Ergebnis."

Athleten und Hollywoodstars

Von den angeblich positiven Eigenschaften hoben die Unternehmen besonders die belebende Wirkung der Zigaretten hervor. Auch hier zögerte Camel nicht, den berühmten Tennisspieler Ellsworth Vines (weltweite Nummer eins in den 30er-Jahren) für eine ihrer Kampagnen zu verpflichten. Der Champion überzeugte sehr viele Amerikaner mit Aussagen wie: „Eine Tennismeisterschaft ist ein höchst moderner Sport. Nach einigen Sätzen fühle ich mich manchmal so erschöpft, dass ich glaube, keinen Satz mehr überstehen zu können. Dann ist der Geschmack einer Camel eine Million Dollar wert. Eine Camel gibt mir auf erfrischende Weise wieder mehr Energie. Und die Camel ist so mild, dass ich so viel rauchen kann, wie ich will."

Auch viele Hollywoodlegenden rauchten in ihren Filmen und kurbelten damit den Tabakverkauf an. Für die Unternehmen waren Stars willkommene Werbeträger und die Filmindustrie ließ sich dafür gut bezahlen. Allen voran waren es Paramount und Warner, die zahllose Verträge, meist mit Lucky Strike und Chesterfield, schlossen. Auch die Stars bekamen Geld. So wurden etwa Clark Gable und Gary Cooper mit 150 000 Dollar (damals über 100 000 Euro) für den Genuss von Luckies belohnt. Auf den Reklameplakaten zeigten sich die gerade angesagten Sportler wie Joe DiMaggio oder Filmstars wie John Wayne, Rock Hudson, Ronald Reagan – und sogar der Weihnachtsmann – mit einer Zigarette in der Hand. Manche von ihnen haben das Rauchen übertrieben und vermutlich mit dem Leben bezahlt. So wissen wir von John Wayne, Steve McQueen und Yul Brynner, dass sie an einem für Raucher typischen Krebs gestorben sind, ebenso wie Humphrey Bogart, der Speiseröhrenkrebs hatte und erst zum Arzt ging, als es zu spät war.

Das Baby ist begeistert, dass seine Mami den Rauch einer Zigarette genießt. Es braucht nicht jahrelang zu warten, bis es alt genug ist, um selbst einige Päckchen zu paffen, womöglich auch noch heimlich. Aber was wäre das Leben ohne ein kleines Risiko?

Heilen mit dem Eispickel

FEHLER: **Die Lobotomie in den Vereinigten Staaten als gängige Praxis populär machen.**

Wann?
1920-1950.

Wer?
Walter Freeman (1895-1972).

Folgen
Über 5000 Menschen wurden lobotomiert und in geistig umnachtete Zombies verwandelt.

Die vielen Funde von trepanierten Schädeln lassen den Schluss zu, dass Lobotomien bereits in prähistorischer Zeit durchgeführt wurden, wahrscheinlich um starke Kopfschmerzen zu lindern.

In der Geschichte der Gehirnchirurgie, die auch zur Behandlung von Geisteskrankheiten dienen sollte, finden sich viele abscheuliche Techniken. Zu den nachgewiesen ältesten zählt die Trepanation, die Öffnung des Schädels durch Bohren, Schaben oder Schneiden. Sie taucht bereits in der Jungsteinzeit, zwischen 4000 und 2500 v. Chr., auf. Es gibt aber noch frühere Schädelfunde mit Öffnungslöchern, die aus der Zeit vor 7000 Jahren stammen. Dieser „Eingriff" (wörtlich genommen) bestand darin, ein scheibenförmiges Knochenstück aus dem Schädeldach zu entfernen, um einen Zugang zum Innenraum der Schädelhöhle zu schaffen. Meist wurden die Trepanationen aus religiösen oder rituellen, oft aber auch aus medizinischen Gründen durchgeführt, etwa bei Verletzungen durch Steine, Schädelbruch, Infektionen, Epilepsie oder Demenz. Die Inkas bohrten Löcher in den Schädel, damit böse Dämonen durch die Öffnung entweichen konnten, aber auch um Kopfverletzungen, geistige Verwirrtheit oder Migräne zu heilen.

Diese Technik blieb auch im Mittelalter und in der Renaissance in Gebrauch. Erst später probierten renommierte Ärzte andere Behandlungsmethoden aus, wie das Einatmen von Kohlendioxid, Natriumzyanidgase oder die Verabreichung von Elektroschocks ...

Eine gruselige Technik

Die moderne Chirurgie zur Behandlung von psychischen Erkrankungen begann bereits im 20. Jh. mit Carlyle Jacobsen. Der experimentelle Psychologe hatte beschrieben, wie sich eine Zerstörung der Frontallappen des Gehirns bei Schimpansen auswirkt. Konkret ging es um

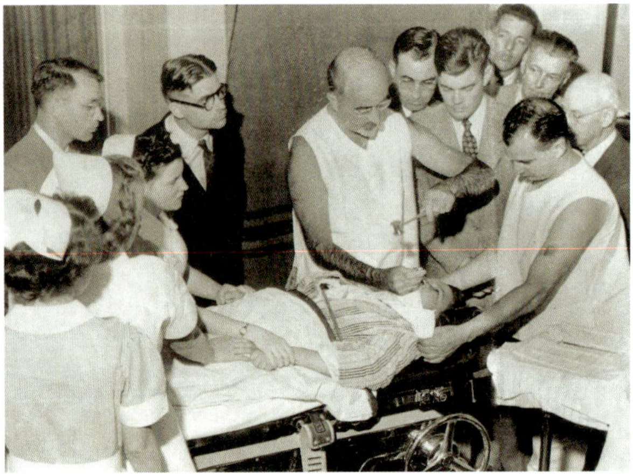

Walter Freeman bei einer Lobotomie. Er führte die Operation, bei der die knöcherne Augenhöhle durchstoßen wird, ohne jede Asepsis durch. Auf diese Weise wurde ein Teil des Gehirns zerstört und ebenso das Leben der Patienten, denn obwohl die meisten diese Prozedur überlebten, waren sie doch für immer von einer völligen Veränderung ihrer Persönlichkeit oder sogar einer Schwerstbehinderung gezeichnet.

Becky, ein sehr aggressives Affenweibchen, das nach seinem Eingriff, der Entfernung eines Großteils des Stirnlappens, angeblich sanfter als die Colliehündin Lassie war. Durch diesen Bericht kam der portugiesische Psychiater und Neurologe Egas Moniz auf die bedauerliche Idee, die erste präfrontale Lobotomie (Leukotomie) bei einem Menschen durchzuführen. Trotz der hohen Risiken, die mit der OP verbunden waren, wurde sein Verfahren, vor allem in den USA, bald populär.

In erster Linie galten schwere Angstzustände, Depressionen mit Suizidgefahr und Zwangsneurosen als mit dieser Methode „behandelbar", deren größter Verfechter in den USA, Walter Freeman, nicht einmal Chirurg war. Er setzte der ohnehin schon dubiosen Methode die Krone auf und erfand die grauenvolle Eispickeltechnik. Wie in einem Horrorfilm à la *Gore* durchstieß er mit einem ordinären Eispfriem die knöcherne Augenhöhle über dem Augapfel und durchschnitt oder zerquetschte mit rotierenden Bewegungen die Nervenfasern und Gehirnzellen in den Stirnlappen. Die ganze Prozedur dauerte nur wenige Minuten und der Patient konnte kurz danach wieder gehen. Freeman war von der Technik begeistert. Ihm zufolge war die Operation so einfach, dass sie keine besondere Sorgfalt im Hinblick auf eine Sepsis erforderte und auch von Psychiatern (nicht nur Ärzten) überall (nicht nur in OP-Sälen) in maximal 15 Minuten durchgeführt werden konnte. Er trieb das Ganze auf die Spitze, operierte überall und vor Publikum, dem er wie im Zirkus seine Eingriffe vorführte, weshalb er Probleme mit Kollegen bekam.

Von den 1930er- bis in die 1950er-Jahre reiste er kreuz und quer durch die USA und operierte wie am Fließband. Als Operationssaal für eine heikle Lobotomie genügte ihm sein Wohnmobil, das von ihm so getaufte *Lobomobil*, oder ein Motelzimmer. Fast 5000 Lobotomien wurden durchgeführt, ohne dass es je einen ausreichenden oder bloß irgendeinen Nachweis für ihre Wirksamkeit gab. Meist waren es Patienten mit Depressionen, Zwangs- oder Angstneurosen, Schizophrene und an chronischen Schmerzen Leidende, die der Lobotomie unterzogen wurden.

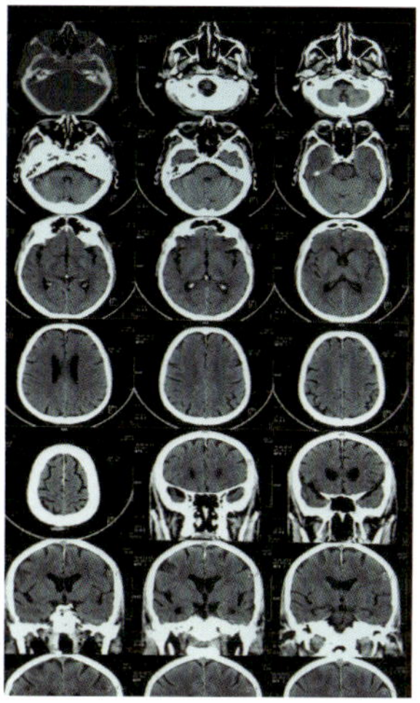

Zur damaligen Zeit konnte man vom Gehirn keine Röntgenaufnahme und schon gar keinen MRT- oder CT-Scan machen.

Seltsamerweise überlebten fast alle Patienten diesen Eingriff, allerdings mit fatalen Nebenwirkungen. Die Lobotomie zerstörte ihr Leben und veränderte ihr Verhalten gravierend. Sie wurde von vielen Kritikern als eine „chirurgische Herbeiführung von Kindlichkeit" betrachtet, um die Patienten auf diese Weise willenlos und „lenkbarer" zu machen.

Glücklicherweise kam 1954 Chlorpromazin auf den Markt. Das von den drei französischen Wissenschaftlern Pierre Deniker, Henri Leborit und Jean Delay entwickelte Psychopharmakon erwies sich bei der Behandlung von Schizophrenie und anderen Psychosen als wirksam. Viele Schizophrene konnten unter Gabe dieses Medikaments die Heilanstalt verlassen und ein relativ normales Leben führen.

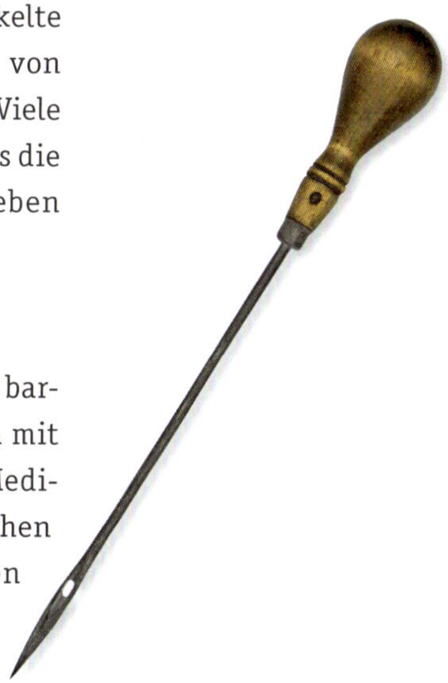

Umstrittener Nobelpreis

Kurioserweise erhielt Egas Moniz, der Vorreiter dieser barbarischen Gehirnchirurgie, im Jahr 1949 zusammen mit dem Schweizer Neurologen Walter Rudolf Hess den Medizinnobelpreis „für die Entdeckung des therapeutischen Wertes der präfrontalen Leukotomie bei gewissen Psychosen". Noch heute fordern Vereine und Angehörige von Lobotomie-Opfern, ihm den Nobelpreis abzuerkennen.

Thalidomid und der Contergan-Skandal

FEHLER: **Die Vermarktung des Arzneimittels Contergan mit dem Wirkstoff Thalidomid ohne zuverlässige klinische Erprobung.**

Wann?
1958–1962.

Wer?
Pharmaunternehmen Grünenthal.

Folgen
Dieses Beruhigungsmittel, das auch schwangeren Frauen gegen die morgendliche Übelkeit verabreicht wurde, verursachte Störungen beim Wachstum der Föten, sodass Tausende Babys mit Phokomelie, missgebildeten oder sogar fehlenden Gliedmaßen, geboren wurden.

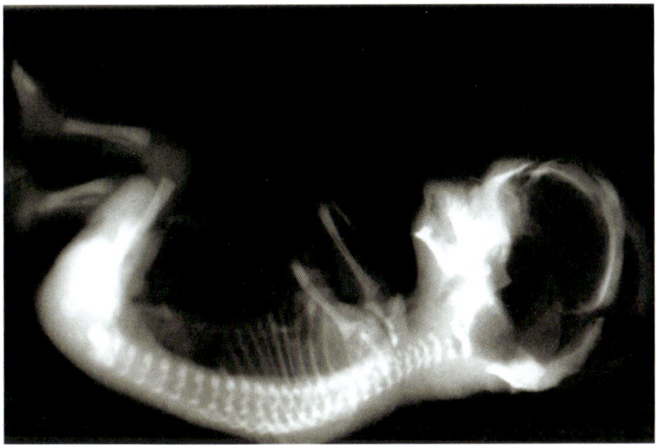

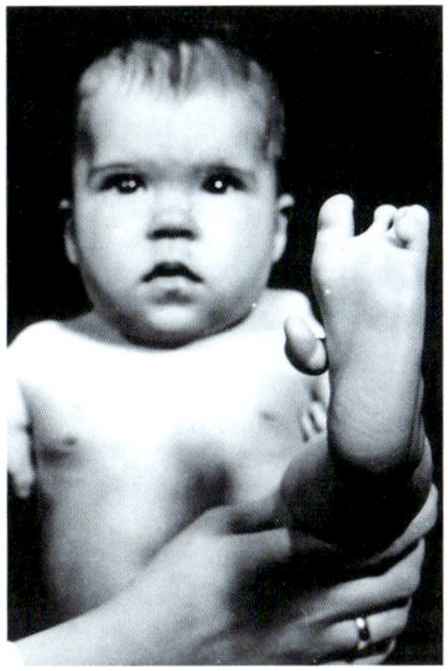

Der Wirkstoff Thalidomid wurde zwischen 1958 und 1963 in Beruhigungsmitteln wie Contergan vermarktet. Er schien zunächst keine Nebenwirkungen zu haben, doch später stellte sich heraus, dass er in der frühen Schwangerschaft gravierende Entwicklungsschäden der Föten bewirkte. Diese führten zu schweren Missbildungen (Dysmelien) der Gliedmaßen, insbesondere zu Phokomelien mit flossenartigem Sitz der Hände bzw. Füße am Schulter- bzw. Hüftgelenk oder stark verkürzten Extremitäten.

1958 kam ein im Unternehmen Chemie-Grünenthal entwickeltes Medikament mit dem Wirkstoff Thalidomid unter dem Handelsnamen Contergan auf den Markt. Es galt als besonders sicheres, da barbituratfreies Schlaf- und Beruhigungsmittel. Die Zeit der durchwachten Nächte war dank dieses Medikaments Vergangenheit. Binnen Kurzem wurde es auf dem halben Globus vermarktet und als Schlafmittel für Kinder und besonders für werdende Mütter auch gegen die typische Schwangerschaftsübelkeit empfohlen.

Da es noch kein rechtlich genormtes Verfahren zur Zulassung von Medikamenten gab, kam Contergan ohne ausreichende klinische Studien zu seiner Wirksamkeit in den Handel und war bundesweit rezeptfrei in allen Apotheken erhältlich.

Schreckensbilanz

Thalidomid wurde unter 80 verschiedenen Handelsnamen in 50 Ländern verkauft und war die Ursache, dass über 10 000 Babys missgebildet zur Welt kamen.

Francis Kesley, die Pharmakologin der FDA, erhielt eine Auszeichnung von Präsident John F. Kennedy, weil sie den freien Verkauf von Thalidomid in den USA verhindert hatte.

Keine Zulassung in den USA

Glücklicherweise wurde das Medikament in den Vereinigten Staaten nicht vermarktet. Die dafür Verantwortliche war Dr. Frances Oldham Kelsey, die erst kurz zuvor ihre Arbeit als Pharmakologin bei der *Food and Drug Administration* (FDA) aufgenommen hatte, und trotz vehementer Forderungen bis zu sechsmal die Freigabe von Thalidomid für ihr Land verweigerte. Kelsey zweifelte die ihr vorliegenden Ergebnisse der klinischen Forschung an, verlangte weitere Tests und lehnte auch unter dem starken Druck der Geschäftsleute und Politiker eine Freigabe der Substanz ab.

Missbildungsfälle treten auf

Kurz darauf gab es erste Berichte, dass in Deutschland Kinder mit Phokomelie, einer seltenen Fehlbildung der Extremitäten, geboren wurden. Den ersten zwölf Fällen von Missbildungen folgten 83 im Jahr 1960 und 302 im Jahr 1961. Ähnliche Fälle traten auch in anderen Ländern auf. In Australien entdeckte Dr. William McBride, dass alle Mütter, deren Babys mit Phokomelie geboren wurden, Thalidomid eingenommen hatten, und schickte einen Artikel mit seinen Erkenntnissen an *The Lancet*, der im Dezember 1961 veröffentlicht wurde. Aber Missbildungsfälle traten auch weiterhin auf. Schließlich nahm Grünenthal sämtliche Präparate mit Thalidomid vom Markt, nach und nach auch in allen anderen Verkaufsländern. Spanien war 1963 eines der letzten Länder, in denen Thalidomid aus dem Handel genommen wurde. Allerdings könnte es laut Avite, dem Verein der spanischen Thalidomid-Opfer, noch weitere vier Jahre im Umlauf gewesen sein, weil die Apotheken die Medikamente auf Lager hatten.

So wurde aus einem „harmlosen“ Schlafmittel mit dem Wirkstoff Thalidomid, das hierzulande Contergan hieß, die weltweit größte Arzneimittelkatastrophe der Geschichte, die in kurzer Zeit die höchste Anzahl an Opfern nach sich zog. Vermutlich wurde Thalidomid über 10 000 mit Missbildungen geborenen Kindern zum Verhängnis. Neben verkrüppelten Gliedmaßen traten auch andere Fehlbildungen wie Hasenscharten, Ohren- und Augenfehlbildungen auf. Man nimmt an, dass 40 Prozent der sogenannten Contergan-Kinder aufgrund schwerer Missbildungen der inneren Organe wie Herz, Nieren oder Magen-Darmtrakt bereits im frühen Kindesalter verstarben.

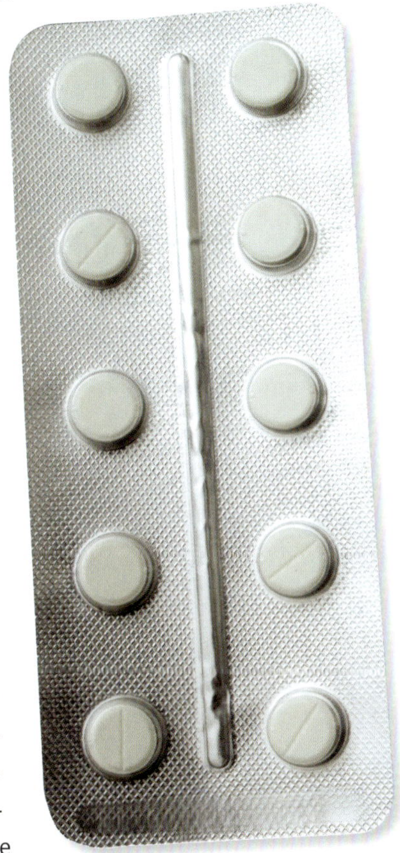

Inzwischen ist Thalidomid wieder auf dem Markt und wird bei der Behandlung von Lepra und bestimmten Arten von Krebs wie dem Multiplen Myelom (MM) eingesetzt.

Mehr Kontrolle

Die Thalidomid Katastrophe kennzeichnete ein Vorher und Nachher in der Gesetzgebung, Zulassung und Kontrolle von Arzneimitteln. 1962 verabschiedete der US-Kongress das *Kefauver-Harris Drug Amendment* zur Verschärfung des bestehenden Arzneimittelrechts. Mit dieser Gesetzesänderung wurde erstmals vor der Marktfreigabe eines Medikaments der Nachweis für seine therapeutische Wirksamkeit und Unbedenklichkeit gefordert. Dieser musste durch kontrolliert durchgeführte klinische Studien mit geeigneten Methoden an Menschen, die ihre Einwilligung gegeben hatten, erbracht werden. Auch wurde der FDA die rechtliche Verantwortung zugewiesen, die Werbung für Arzneimittel zu überwachen, die für Ärzte auch eine Aufklärung über Risiken und Nutzen enthalten musste, und alle zwei Jahre eine Überprüfung der Arzneimittelhersteller durchzuführen. All diese Änderungen waren revolutionär und dienten vielen Ländern als Vorbild, dem sie durch Anpassung ihrer Gesetze folgten und damit neue Wege im Hinblick auf Zulassung, Kontrolle und Produkthaftung bei Arzneimitteln beschritten.

Das verheerende Agent Orange

FEHLER: **80 Millionen Liter Agent Orange, ein toxisches Entlaubungsmittel, und ähnliche Pflanzengifte wahllos über dem Dschungel in Südvietnam versprühen lassen.**

Wann?
1962–1971.

Wer?
Robert McNamara, 1961–1968 Verteidigungsminister der Vereinigten Staaten, zusammen mit den Präsidenten John F. Kennedy und Lyndon B. Johnson.

Folgen
Zwischen 3 und 5 Mio. Vietnamesen und Amerikaner waren Agent Orange ausgesetzt. Sie erlitten durch direkten oder indirekten Kontakt mit dem Gift schwere Gesundheitsschäden. Darunter sind verschiedene Krebsarten, Leberschäden, Lungen- und Herzkrankheiten, Missbildungen bei Kindern sowie Haut- und Nervenerkrankungen.
Noch heute leiden viele ihrer Nachkommen unter schweren geistigen und körperlichen Behinderungen.

„Wir haben uns schrecklich geirrt ...

Vietnam – das Trauma einer Weltmacht,
Robert S. McNamara

Robert McNamara, der damalige US-Verteidigungsminister brachte die Umweltzerstörung ins Rollen, weil der dichte Dschungel für US-Soldaten als Todesfalle betrachtet wurde.

Als die Vereinigten Staaten in den Krieg gegen Vietnam eintraten, konnte sich niemand seine schmerzhaften Folgen vorstellen. Der Konflikt verschärfte sich. Deshalb traf der damalige US-Verteidigungsminister Robert McNamara eine furchtbare Entscheidung. Er genehmigte eine die Umwelt für immer verändernde Maßnahme. Tonnen von chemischen Herbiziden wurden aus Flugzeugen über einem Zehntel der Gesamtfläche von Südvietnam versprüht. Sie sollten den Dschungel durch flächendeckende Entlaubung als Rückzugsgebiet unbrauchbar machen und die Felder als Nahrungsquelle für den Feind zerstören.

Unter dem Codenamen *Operation Ranch Hand* versprühte die US-Luftwaffe in einer Aktion nach der anderen nahezu vier Jahre lang das dioxinhaltige, hoch giftige Entlaubungsmittel Agent Orange (der Name geht auf den orangefarbenen Kennstreifen der Giftfässer zurück) über eine Fläche von 10 Mio. Hektar in Südvietnam. Das ganze Gebiet war in einen Chemikaliennebel mit irritierendem Knoblauchgeruch gehüllt.

Ein mächtiges Vernichtungsmittel

Die Folgen für die Natur sowie die Gesundheit der Menschen waren schrecklich. Aus ökologischer Sicht wurde die Erosion des Erdreichs beschleunigt, die Vegetation vernichtet und in der Tierwelt nahmen Krankheiten zu. Das dioxinhaltige Herbizid brachte mehr als 100 000 Menschen den Tod und wirkt seit Generationen mutagen, sodass in Vietnam bis heute mehr als eine halbe Million Kinder schwer behindert und verkrüppelt zur Welt kamen.

Ab Mitte der 1960er-Jahre gab es von Seiten der amerikanischen Bevölkerung immer mehr Proteste gegen den

Ein Flugzeug versprüht Entlaubungsmittel im Mekong-Delta. Der Giftnebel sollte die Vegetation vernichten, doch er war auch für die Menschen höchstgefährlich, die ihn einatmeten oder über die Haut aufnahmen und so ihre Gesundheit dauerhaft schädigten.

Einsatz von chemischen Waffen. 1967 unterzeichneten über 5000 Wissenschaftler eine Petition an die US-Regierung, die darin ersucht wurde, den Einsatz von Herbiziden in Vietnam zu unterlassen. 1969 wurde ein Bericht über die hohe Toxizität von 2,4,5-Trichlorphenoxyessigsäure, einem der Hauptbestandteile von Agent Orange, veröffentlicht. Das US-Verteidigungsministerium geriet immer mehr unter Druck und beschloss im April 1970, die Giftsprühaktionen einzustellen. Am 12. Februar 1972 gab der Oberbefehlshaber in Vietnam bekannt, dass kein Sprühflugzeug mit Agent Orange mehr starten würde.

Klagen in Millionenhöhe

1979 verklagte eine Gruppe von Vietnam-Veteranen mehrere Herstellerfirmen von Agent Orange. Das Verfahren gegen Dow Chemical, Monsanto und Diamond Shamrock ging nie vor Gericht und endete im Jahr 1984 mit einem außergerichtlichen Vergleich über eine Millionen-Dollar-Entschädigungszahlung an die Kläger. Die Sache war noch nicht zu Ende. 1991 verabschiedete der US-Kongress das Public Law 102-4 (besser bekannt als *Agent Orange Act*), demzufolge ehemalige Soldaten, die Agent Orange ausgesetzt waren, und ihre Familien eine finanzielle Entschädigung erhalten sollen. Das Gesetz muss alle zwei Jahre aktualisiert werden. Dabei wird auch die von der US-Regierung aufgelegte Liste mit den als Folge von Agent Orange anerkannten Krankheiten aktualisiert und erweitert. Auf dieser Liste stehen u. a. Prostatakrebs, Lungenkrebs, Leukämie, Weichteil-Sarkome oder Hodgkin-Lymphome, Chlorakne, Parkinson sowie krankhafte Durchblutungsstörungen des Herzens.

Der Kampf geht weiter

Aber viel schlimmer sieht es in Vietnam aus. Das Gift wirkt weiter und belastet dort das Wasser und den Boden. Die kanadische Firma Hatfield Consultants hat das Küstengebiet bei der Stadt Da Nang untersucht und festgestellt, dass die Werte der Kontamination um das 400-Fache über der Toleranzgrenze liegen. Noch immer sind die Mangrovenwälder im Mekong-Delta, die weltweit größten, nicht wieder grün. Die Natur kämpft seit über 40 Jahren gegen die verheerenden Folgen des „Ökogifts" Agent Orange und hat sich nach wie vor nicht erholt.

Was für ein Zufall!

FEHLER: Überhaupt keine Fehler, denn diese Wissenschaftler sind durch Glück oder Zufall zu Ruhm und Ehre gekommen.

Wann?
1820–1995.

Wer?
H. C. Ørsted,
Henri Becquerel,
Alexander Fleming,
Ian Osterloh.

Folgen
Große Entdeckungen wie Penizillin, Elektromagnetismus oder Viagra.

„Der Zufall begünstigt nur einen vorbereiteten Geist."

Louis Pasteur (1822-1895)

Es waren einmal drei Prinzen, die lebten in Serendip, dem heutigen Sri Lanka. Sie besaßen alle drei die außergewöhnliche Gabe, nicht durch zielstrebige Mühe, sondern eher durch Glück und Zufall Sachen zu entdecken, nach denen sie nie gesucht hatten ... Zu Ehren dieser drei fabelhaften Charaktere prägte der englische Schriftsteller Horace Walpole im Jahr 1754 den Begriff *serendipity*. Seitdem wird damit das „Finderglück" beschrieben, wenn man durch eine Kombination aus Glück, Zufall und Scharfsinn eine Entdeckung macht, die man zwar nicht erwartet hat, aber ganz gut brauchen kann.

Wir sind überzeugt, dass für die meisten wissenschaftlichen Entdeckungen akribisches Forschen und systematisches Vorgehen charakteristisch sind. Bei der naturwissenschaftlichen Methode wird im Vorhinein explizit festgelegt, welcher Sache man nachgehen muss, um ein bestimmtes Ergebnis zu erhalten. So weit, so gut. Wie es scheint, ist für Glück oder Zufall in den seriösen Gefilden der Naturwissenschaft kein Platz. Doch der Schein trügt, denn die Geschichte steckt voller glücklicher oder so nie erwarteter Entdeckungen. Hier einige der berühmtesten Serendipitäten oder *serendipities*:

Hans Christian Ørsted entdeckte durch Zufall die magnetische Wirkung des elektrischen Stroms. Er gilt als Mitbegründer der Elektrizitätslehre.

Elektromagnetismus

Eines Morgens im Jahr 1820 hielt der dänische Physiker Hans Christian Ørsted (auch Oersted, 1777–1851) in Kopenhagen einen Vortrag und wollte die Erwärmung eines

Drahtes durch elektrischen Strom demonstrieren. Zufällig lag neben der Spule und dem unter Strom stehenden Draht ein Kompass und Ørsted fiel auf, dass die magnetische Nadel bei jedem Einschalten des Stroms abgelenkt wurde. Spätere Experimente zeigten dann, dass zwischen Elektrizität und Magnetismus ein Zusammenhang besteht: Ein elektrisches Feld erzeugt ein Magnetfeld.

Henri Becquerel entdeckte die Radioaktivität, als er mit Uransalzen experimentierte, diese rein zufällig neben eine lichtdicht in schwarzes Papier verpackte Fotoplatte legte und später sah, dass die Platte geschwärzt worden war. Diese Strahlung war neu, da vom Licht unabhängig, und musste von den Uransalzen ausgehen.

Radioaktivität

Es war im Jahr 1896, als der französische Physiker Henri Becquerel (1852–1908) bemerkte, dass eine mit schwarzem Papier umhüllte Fotoplatte, die neben einem Glas mit Uransalzen in einer Schublade lag, dieselbe Schwärzung aufwies wie nach einer Belichtung. So hat er völlig nebenbei und zufällig entdeckt, dass die instabilen Atomkerne gewisser Elemente in der Lage sind, sich spontan in andere Atomkerne zu verwandeln und dabei energiereiche Strahlung auszusenden, wenn sie Elektronen gewinnen oder verlieren.

Penizillin

Zweifellos ist das Penizillin die größte medizinische Entdeckung, doch auch sie verdankt sich dem Zufall. Am 28. September 1928 untersuchte der schottische Bakteriologe Alexander Fleming (1881–1955) in seinem Labor des Londoner St Mary´s Hospital Bakterienkulturen (Staphylokokken). Er hatte sie bereits vor seinem Urlaub angesetzt und musste nun nach seiner Rückkehr feststellen, dass viele von Schimmelpilzen befallen waren. Bevor er die verunreinigten Proben entsorgen konnte, bekam er zum Glück Besuch von einem Kollegen, wollte diesem seine Arbeit näher erklären, warf dabei noch einmal einen Blick auf die Kulturen und machte die legendäre Entdeckung, dass die Bakterienkolonien um den Pilz herum transparent wurden. Heureka! Das bedeutete eine Zerstörung der Zellen durch eine Substanz, die aus dem Schimmel stammen musste. Sofort isolierte und kultivierte Fleming den Pilz auf einer anderen Platte. Er nannte den Extrakt Penizillin und identifizierte den Pilz als *Penicillium notatum*. Allerdings nahm die Fachwelt zunächst kaum Notiz von diesem Fund, denn man hielt ihn nur bei banalen Infektionen für ausreichend wirksam.

Denkmal in Barcelona zu Ehren von Sir Alexander Fleming, Skulptur, die den Entdecker des Penicillins darstellt. Sie befindet sich auf der Plaza de los Jardines Doktor Fleming in Barcelona.

Im Zweiten Weltkrieg fiel das Antibiotikum dann amerikanischen Forschern auf, die mit Penizillin zur Bekämpfung von Wundinfektionen das vom deutschen Militär bevorzugte Sulfonamid ersetzen wollten. Als die Chemiker Ernst B. Chain und Howard W. Florey ein Verfahren zur Massenproduktion und Isolierung von Penizillin zu entwickeln vermochten, stand dessen kommerzieller Vermarktung nichts mehr im Wege. Fleming hat für seine Entdeckung nie ein Patent eintragen lassen, weil er wollte, dass dieses für die Behandlung zahlreicher Infektionen so wichtige Antibiotikum der Bevölkerung stets frei und leicht zugänglich ist. Seine Entdeckung veränderte die Geschichte der Medizin und bahnte den Weg zu den hochwirksamen Antibiotika.

Penizillin war grundlegend für den medizinischen Fortschritt und vor allem für einen besseren Behandlungserfolg auf Intensivstationen. Eine der wichtigsten Folgen dieser Entdeckung neben ihrer therapeutischen Funktion war aber, dass sie weltweit die Erforschung von Mikroorganismen, die Antibiotika erzeugen, vorantrieb.

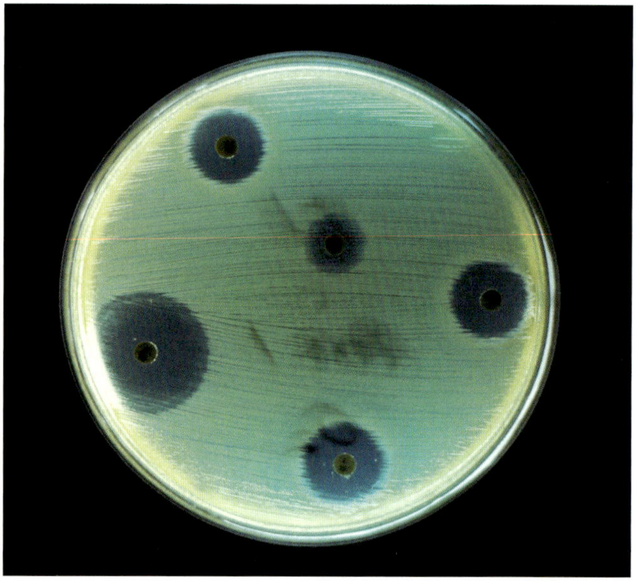

***Staphylococcus aureus*, ein Bakterium der Gattung Staphylokokken,** das zahlreiche Erkrankungen wie Lungenentzündung verursacht, die bis zur Entdeckung von Penizillin in vielen Fällen tödlich verliefen. Im Laufe der Zeit hat der Erreger Resistenzen gegen viele herkömmliche Antibiotika gebildet, weshalb inzwischen wirksamere Mittel entwickelt wurden.

Für seinen Beitrag zur Naturwissenschaft und Medizin wurde Alexander Fleming vielfach geehrt. 1944 wurde er geadelt und 1945 erhielt er zusammen mit Florey und Chain den Nobelpreis für Medizin „für die Entdeckung des Penizillins und seiner heilenden Wirkung bei verschiedenen Infektionskrankheiten".

Die berühmte blaue Pille, das Mittel der Wahl für Senioren, die noch sexuell aktiv sein möchten.

Viagra

Eine *serendipity* aus der jüngeren Zeit: Im Jahr 1995 arbeitete eine Gruppe von Chemikern unter der Leitung von Ian Osterloh im Pharmaziekonzern Pfizer an der Entwicklung eines Medikaments namens Sildenafil. Ursprünglich sollte es als Mittel zur Behandlung von Bluthochdruck und Angina Pectoris auf den Markt kommen. Doch während Studien bewiesen, dass die erwünschte

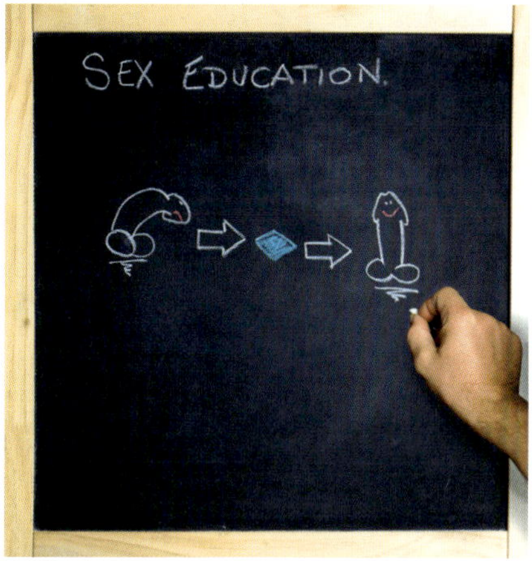

Heilwirkung beim Herzen ausblieb, schien das Präparat bei einem bestimmten anderen Körperteil umso besser zu wirken. Auf einmal ging die Forschung abrupt in eine andere Richtung, denn von nun an sollte Sildenafil der erektilen Dysfunktion entgegenwirken. Der Erfolg blieb nicht aus. Drei Jahre später kam der Stoff als blaue Pille mit dem Namen Viagra auf den Markt und wurde für Millionen Männer nebst Partnerinnen zum blauen Wunder ihres Sexuallebens.

Anders verhielt es sich mit der Entdeckung eines Frauen-Viagra, das nicht dem Zufall, sondern einer guten Geschäftsidee geschuldet ist. Die berühmteste Variante der rosa Pille bestand nur aus Aminosäuren, Aloe Vera und Menthol und hat als nie zugelassenes Mittel bislang weder den Markt noch irgendeine Frau mit mangelnden Lustgefühlen erreicht.

Lasst uns fischen gehen, vielleicht finden wir Gammastrahlen

Die Liste der zufällig gemachten Entdeckungen ist lang, aber man muss die Gelegenheit auch erkennen und richtig nutzen, denn nicht jeder bringt den Fall eines Apfels mit dem Gesetz der Schwerkraft in Verbindung. Wichtig ist, nach einer Erklärung oder parallelen Entdeckung zu suchen. Ein gutes Beispiel sind Detektive und Kriminalbeamte, die an einem Tatort zunächst „im Trüben fischen", ohne irgendwelche Beweise für das Verbrechen zu finden, und denen dann der berühmte „Kommissar Zufall" zu Hilfe kommt, sodass sie etwas finden, das sie erwartet oder auch nicht erwartet hatten. Doch da blinde Zufälle eher selten passieren, sollte man gut vorbereitet sein und am richtigen Punkt ansetzen. Und wenn dann der Zufall den vorbereiteten Geist trifft, was er nach Pasteur ja bevorzugt tut, kann man nicht nur Kognak, Kautschuk, Süßstoff, Röntgenstrahlen, Penizillin oder LSD entdecken, sondern sogar Gammastrahlen, kosmische Mikrowellenstrahlung (auch wenn für Essen ungeeignet) oder, wer weiß, womöglich irgendwann auch außerirdisches Leben.

ES IST KRIEG!

Der abergläubische Heerführer

FEHLER: Den Rückzug einer Armee verzögern, damit er nicht mit einer Mondfinsternis zusammenfällt, die man für ein schlechtes Omen hält.

Wann?
413 v. Chr.

Wer?
Nikias, athenischer Heerführer und Staatsmann (470–413 v. Chr.).

Folgen
Mehr als 50 000 Athener verloren ihr Leben bei dem verzweifelten Versuch, im sizilianischen Hafen von Syrakus aus der Umzingelung der Spartaner zu entkommen.

Gegen Ende des 5. Jh.s v. Chr. war Griechenland ein mächtiges Imperium und außergewöhnlich reich an Bildung, Kunst und Wissenschaft. Die beiden Machtzentren waren Athen und Sparta. Athen hatte sich in eine große Seemacht verwandelt und strebte unter dem Kommando von Perikles die Hegemonie über alle griechischen Völker an. Sparta hatte andere Ziele. Seine Oligarchie vertrug sich nicht mit dem demokratischen Stil der Athener. Nach und nach drifteten die politischen und wirtschaftlichen Interessen der beiden Großmächte so weit auseinander, dass zwei verfeindete Bündnisse entstanden. Athen schloss sich im Attischen Seebund mit zahlreichen Städten in Kleinasien und auf den vorgelagerten Inseln der Ägäis zusammen. Sparta wiederum reagierte darauf verärgert und gründete mit einflussreichen Staaten wie Korinth und Elis den Peloponnesischen Bund. Und natürlich, wo viele Hähne krähen … aber es wurde nicht wie im Sprichwort früher hell, es begann ein dunkles Kapitel: der Peloponnesische Krieg. Er zog sich – mit einigen Atempausen – 27 Jahre hin (431–404 v. Chr.).

Die Belagerung von Syrakus

Ungefähr zur Mitte des Krieges im Jahr 415 v. Chr. passierte Folgendes: Athen schickte einen riesigen Expeditionstrupp (100 Schiffe und 5000 Soldaten) los, um Syrakus und seinen Verbündeten Segesta anzugreifen.

Als Dorer waren die Sizilianer Verbündete Spartas (des Erzfeindes von Athen), während die Segestaner auf der Seite der Athener und der Ionier standen. Doch Idealismus hin oder her, die Athener, zuerst unter der Führung von Alkibiades, später unter Nikias, träumten schon lange davon, ganz Sizilien zu beherrschen. Syrakus, die größte Stadt der Insel, war nicht viel kleiner als Athen und bei ihrer Eroberung lockte üppige Beute. Doch die Athener kamen im falschen Moment auf die Idee mit dem Feldzug. Wie Thukydides in seiner *Geschichte des Peloponnesischen*

Alkibiades war der beste Feldherr der Athener, aber als Nikias die Führung des Heeres übernahm, wurde daraus ein Desaster.

Krieges schreibt, hatten „die Athener Feldherren, die das Unternehmen geführt haben, nur unzureichende Kenntnisse von Sizilien und seiner Bevölkerung und damit waren die Kräfte zur Eroberung bedauerlich unangemessen“.

Nach der Landung und der ersten Schlacht wussten die Athener schon, dass ihre Mission kein Zuckerschlecken werden würde. Die Syrakuser steckten die Angriffe der Eindringlinge gut weg und ausgerechnet in diesem kritischen Moment setzte der Winter ein. Das athenische Heer zog sich zum Überwintern nach Katane zurück, während Syrakus die Gelegenheit nutzte, seine Infanterie zu schulen und Sparta um Hilfe zu bitten. Und Athen sicherte sich die Unterstützung der Karthager und Etrusker.

Die Sache wurde immer komplizierter. Beide Seiten errichteten strategische Mauern. Die Athener eine kreisförmige nahe der Stadt, um Syrakus vom Rest der Insel abzuschneiden, und die Syrakuser Gegenmauern, um den Belagerungsring der Athener zu durchbrechen. Doch die Athener waren cleverer und schlossen die Stadt mit ihrer Belagerungsmauer zwischen Land und Meer völlig ein. Die Syrakuser hatten keine Hoffnung mehr und erwogen die Kapitulation. Aber dazu kam es nicht, denn allmählich traf die angeforderte Verstärkung ein. Der Erste war der spartanische General Gylippos, der gleich ein starkes Heer mitbrachte. Dieses hatte er mit Hilfe von einigen sizilianischen Städten aufgestellt, um Syrakus zu retten. Nach einigen Kämpfen besiegte er die Athener und verhinderte so, dass diese in die Stadt Syrakus eindrangen.

Pallas Athene hat den Athenern diesmal nicht viel geholfen. Siegessicher hatten sie sich in einen zu teuren und zu weit entfernten Krieg gestürzt. Darüber hinaus wurde ihr Heer nicht gut geführt und Sparta kam Syrakus zu Hilfe.

Folgen des Aberglaubens

Im Juli 413 v. Chr. trafen Demosthenes und Eurymedon über den Seeweg mit Verstärkung für die Athener ein: mit 73 Trieren und 15 000 Mann! Als sie das Lager erreichten, bot sich ihnen ein trauriger Anblick. Da es an einem Sumpf lag, waren viele Soldaten und auch Nikias erkrankt. Demosthenes übernahm sofort die Heeresführung und es kam erneut zu vereinzelten Kämpfen. Die mächtigen Athener gerieten immer mehr in die Bredouille. Da sie mit dem kleinen Syrakus nicht fertig wurden, beschlossen sie, den Rückzug anzutreten. Kommt nicht in Frage! ... meinte der stolze Nikias. Er fürchtete den Spott, wenn er ohne Sieg in der Tasche nach Athen zurückkehrte. Am Ende überzeugten seine Landsleute ihn doch, dass es besser sei, jetzt abzumarschieren, bevor alles noch schlimmer würde. Sie waren fast schon im Begriff abzufahren, als General Nikias einen absurden Anfall von Aberglauben bekam. Die Nacht der Abfahrt fiel mit einer Mondfinsternis zusammen. Das war ein böses Omen und Nikias beschloss, den Rückzug seines Heeres um „drei mal neun Tage" zu verschieben, wie ihm die Seher geraten hatten. Währenddessen hatten die Spartaner genügend Zeit, den Hafen von Syrakus vollkommen abzuriegeln.

In einer Art Verzweiflungstat segelten die Athener am 10. September 413 v. Chr. in Richtung Hafenausfahrt. Vergebens! Die Schlacht im engen Hafen verlief chaotisch, da er kaum Raum zum Manövrieren bot. So trugen die Syrakuser einen überwältigenden Sieg davon und Tausende von Athenern starben nur wegen eines simplen Aberglaubens. Nikias und Demosthenes wurden verhaftet und ohne Gerichtsverfahren hingerichtet. Über 7000 Gefangene mussten Zwangsarbeit leisten und starben bald darauf an Hunger oder Krankheit.

Diese historische Niederlage war der Anfang vom Ende des mächtigen Athen. Nach dem Peloponnesischen Krieg war die Poliswelt im antiken Griechenland eine völlig andere. Athen, die vor dem Krieg wichtigste Stadt, hatte ihre Macht, ihren Wohlstand und ihre Bedeutung verloren. Und umgekehrt war Sparta zur mächtigsten Polis Griechenlands aufgestiegen.

Athenische und spartanische Soldaten standen seit jeher im Wettstreit, was Kampfkraft und Geschicklichkeit anbelangte. Das von den Griechen 734 v. Chr. gegründete Syrakus bot noch einmal eine Gelegenheit zum Kräftemessen. Während die Athener die Stadt einzunehmen versuchten, nutzten die Spartaner die Gunst der Stunde, um ihre Rivalin zu schwächen.

Der Russlandfeldzug

FEHLER: 600 000 Soldaten in Bewegung setzen, um Russland zu erobern, aber das schwierige Gelände und den Feind unterschätzen.

Wann?
Herbst–Winter 1812.

Wer?
Napoleon Bonaparte (1769-1821).

Folgen
Napoleons Ehrgeiz kostete 400 000 Männern, darunter etwa 200 000 Franzosen und fast ebenso viele Russen, das Leben. Auf französischer Seite waren 150 000 Gefangene und 130 000 Fahnenflüchtige zu verzeichnen.

„Nur eine gute Schlacht kann den Frieden sichern …“

Napoleon Bonaparte

Anfang des 19. Jh.s gab es zwei große Kaiserreiche in Europa: im Westen das von Napoleon Bonaparte und im Osten das des Zaren Alexander I. Die Herrscher beäugten sich argwöhnisch, bis es zum Konflikt kam. Die Reibereien hatten ihren Ursprung in der Vergangenheit, z. B. in der Kontinentalsperre, die Russland fast ruinierte, oder oder in der für das Zarenreich nachteiligen Freundschaft zwischen Frankreich und Österreich. Aber was den Konflikt erst richtig ins Rollen brachte, war, dass Alexander I. sich durch das nahegelegene französische Großherzogtum Warschau bedroht fühlte.

Für den Überfall auf Russland rekrutierte Napoleon eine riesige Armee, die aus 600 000 Männern bestand. Viel zu viele, um alle durchzufüttern, besonders weil die russische Taktik der verbrannten Erde dafür gesorgt hatte, dass durch die Zerstörung aller Nahrungsquellen selbst der Rückzug für das Riesenheer zu einer Todesfalle wurde.

Harte Zeiten brechen an

Alles begann am 8. April 1812, als der Zar von Napoleon den Rückzug aller französischen Truppen linksseitig der Elbe verlangte. Dieser dachte nicht daran, denn er hatte bereits eine gewaltige Armee rekrutiert, mit der er Ende Juni den Fluss Njemen (Memel) überqueren wollte.

Mit seiner *Grande Armée* von etwa 600 000 Soldaten, die meisten aus Frankreich, Belgien und Holland, besaß Napoleon eine Streitmacht, die ihn ermutigte, den schwierigen Überfall auf Russland zu wagen. So marschierte die größte Armee, die es je in der Geschichte Europas gegeben hatte, im Mai 1812 gen Russland. Überall wo er Halt machte, wurde er wie ein Ehrengast behandelt: Der König von Sachsen, der König von Preußen und der Kaiser von Österreich zogen vor Napoleon untertänig den Hut, während der französische Eroberer seinen Zweispitz nicht vom Kopf nahm.

Der napoleonische Tross stieß auf keinerlei Widerstand und kam gut voran. Sowohl an Zahl als auch von der militärischen Ausrüstung her waren die französischen Truppen den russischen weit überlegen. Der Kaiser war vom Erfolg seines Feldzugs restlos überzeugt. Napoleon besetzte Wilna und gleich danach auch Witesbsk, doch an sich war es sein Ziel, eine offene Feldschlacht zu provozieren.

Der Winter übernimmt das Kommando

Zur Verzweiflung des Kaisers wich die russische Armee immer wieder vor dem Feind zurück. Den russischen Befehlshabern war klar, dass Napoleons Armee in einer Schlacht auf freiem Feld unmöglich zu besiegen war. Durch das stetige Ausweichen der Zaren-Armee war die *Grande Armée* gezwungen, immer tiefer auf russisches Territorium vorzudringen. Tage, Wochen und Monate vergingen mit diesem endlosen Katz-und-Maus-Spiel. Und dann kam „General Winter" und brachte obendrein „General Hunger" mit, denn der großen napoleonischen Armee drohten die Vorräte auszugehen.

In einem zerstörten Moskau und mit ernsthaften logistischen Problemen war Napoleon gezwungen, den Rückzug anzutreten, aber Väterchen Frost fuhr ihm dazwischen und versperrte seinen Truppen den Weg. Der Winter hatte sie eingeschlossen und die Kälte raffte die Hälfte der Truppen dahin, 100 000 Mann erfroren.

Die Zeit spielte gegen sie und die Truppen wurden von Minute zu Minute schwächer. Mürbe vom Warten auf die Schlacht, führte Napoleon seine Truppen nach Moskau und hoffte insgeheim, den Zaren dadurch unter Druck zu setzen. Beim Einmarsch in die russische Hauptstadt bemerkten die Franzosen den Reinfall, denn die Stadt war verlassen und von den Einwohnern dem Erdboden gleichgemacht worden. Nur um den Franzosen jegliche Unterkunfts- und Versorgungsmöglichkeit zu nehmen, hatten sie Moskau, das überwiegend aus Holzhäusern bestand, niedergebrannt, geplündert und zerstört. So standen Napoleons Truppen ohne Dach über dem Kopf und ohne

Nahrung in Schutt und Asche ihres Marschziels. Und die Nachschubwege aus dem Westen konnten durch ein fast intaktes russisches Heer leicht gekappt werden.

Ein bitter(kalt)er Rückzug

Endlich überwand Napoleon seinen Stolz und befahl – nach einer der berühmtesten militärischen Niederlagen – am 19. Oktober 1812 den Rückzug. Während ihres mühseligen Rückmarsches wurde die französische Armee permanent von der Kavallerie der russischen Kosaken angegriffen und geriet in Hinterhalte der Bauern. Die Versorgung des Heeres gestaltete sich zunehmend schwieriger und immer mehr Soldaten desertierten, während Menschen und Pferde verhungerten, erfroren oder vor Erschöpfung starben.

Doch nicht nur Hunger, Kälte und Erschöpfung machten Napoleons Armee zu schaffen. Die Wissenschaftler sind sicher, dass sie noch einen weiteren tödlichen Feind hatte. Bei der Analyse von Überresten französischer Soldaten aus einem Massengrab im litauischen Vilnius entdeckte ein Forschungszentrum in Marseille Erbgut von zwei Krankheitserregern, die von Kopf- und Kleiderläusen übertragen werden. Demnach war etwa ein Drittel der Armee mit Fleckfieber (auch Kriegspest genannt) oder Fünftagefieber infiziert. Kein Wunder, denn die miserablen Bedingungen beim Rückzug ohne Nahrung und ausreichende Hygiene begünstigten die Ausbreitung der Läuse und der durch sie übertragenen Krankheiten, die bei den geschwächten Soldaten meist tödlich verliefen. So wurden die Truppen des Kaisers auch von winzigen Läusen erheblich dezimiert.

Von Napoleons 600 000 stolzen Uniformträgern kehrten nur 200 000 hungrige, mutlose und kranke Männer zurück. Die demütigende Niederlage in Russland hat Napoleon in seinem Vorhaben, ganz Europa zu erobern, definitiv zurückgeworfen. Außerdem brachte sie ihm seine erste Verbannung auf die Insel Elba ein.

Napoleon blieb seiner Linie treu. Selbst als er auf die Insel Elba in die Verbannung geschickt wurde, konnte er von dort entkommen, um ein neues Heer aufzustellen.

Die Schlacht bei Waterloo

FEHLER: Durch Verkennung der Lage, strategische Fehler und Unterschätzung der Gegner eine vernichtende Niederlage kassieren.

Wann?
18. Juni 1815.

Wer?
Napoleon Bonaparte, Kaiser von Frankreich (1769–1821).

Folgen
Die Niederlage der Franzosen (40 000 Tote) hatte die endgültige Abdankung Napoleons, die Rückkehr zur Monarchie unter Ludwig XVII. und die Verschiebung der territorialen Grenzen in Europa zur Folge.

Napoleon I. auf seinem kaiserlichen Thron, Ingres, 1806. Der Kaiser war berühmt für die Unermüdlichkeit, mit der er einen Feldzug nach dem anderen führte, sowie für sein militärisches Genie, doch beides hatte auch den Verlust vieler Menschenleben zur Folge.

Nach seiner Niederlage in Russland starb Napoleon in seinem Zwangs-Exil auf der Insel Elba geradezu vor Langeweile. Es gab Spaziergänge, Kartographie, gutes Essen und das öde Leben einer Hafenstadt, die sehr stolz auf ihren Bewohner, den berühmten General, war. Der erste Fehler der Engländer war die Laxheit, mit der sie ihn überwachten. Napoleon musste nur warten, bis seine einzige Wache, ein betagter britischer Beamter im Nebenraum der Villa, in der er untergebracht war, schlief, und schon hatte er das Kommando. Bald war es soweit: Napoleon zögerte am 26. Februar 1815 keine Sekunde, auf einem kleinen Handelsschiff dem beschaulichen Inselleben zu entkommen. Bereits eine Woche später traf er in Paris ein und sorgte erneut für Ärger. Man könnte sagen, dass er ohne einen einzigen Schuss in Frankreich wieder an die Macht kam, da alle Offiziere seiner *Grande Armée* sofort zu ihm geeilt waren. Napoleon begann seine sogenannte Herrschaft der Hundert Tage und schmiedete von Neuem Kriegspläne.

Zu dem Zeitpunkt begann sich die neue Koalition, bestehend aus Österreich, Russland, Großbritannien und Preußen, in den Niederlanden aufzustellen. Napoleon, dem diese Allianz nicht gefiel, machte sich als Befehlshaber mit 125 000 Mann auf den Weg nach Brüssel, um die verlorenen Gebiete zurückzugewinnen. Dort erwarteten ihn die Briten unter Wellington und die Preußen unter Blücher, um ihm den Weg zu versperren. Napoleon war nicht ganz in Form und konnte, da er unter Hämorrhoiden litt, nicht lange auf einem Pferd sitzen.

Sir Arthur Wellesley, Erster Herzog von Wellington, hier gemalt von Goya, bekam auch den spanischen Adelstitel eines Granden verliehen, schließlich hatte er nicht nur die Franzosen bei Waterloo geschlagen. Er war davor auch auf der Iberischen Halbinsel stationiert, wo er den Rückzug der Franzosen, die für den russischen Feldzug abgerückt waren, nutzte, um sie endlich aus Spanien zu vertreiben.

Die Niederlage

Am 15. Juni 1815 standen die französischen Truppen auf den ihnen zugewiesenen Positionen zum Angriff bereit. An der Spitze von ca. 60 000 Soldaten stellte sich Napoleon den Truppen von Blücher entgegen und zwang die Preußen nach der Schlacht von Ligny, sich nach Wavre zurückzuziehen. Der französische Marschall Ney war seinerseits gleichzeitig nach Brüssel aufgebrochen und traf auf dem Weg dorthin in der Schlacht bei Quatre-Bas auf die Truppen Wellingtons.

Die alliierten Truppen gerieten stark unter Druck und Wellington entschied, sein Heer Richtung Waterloo zurückzuziehen, verfolgt vom linken Flügel der französischen Armee unter dem Befehl von Marschall Ney. Dorthin begab sich auch Napoleon, fest entschlossen, die Engländer endgültig zu besiegen.

Um 11.30 Uhr (Napoleon war kein Frühaufsteher) am 18. Juni 1815 begann die letzte Schlacht in der Nähe von Waterloo (damals Niederlande, heute Belgien). Auf der einen Seite standen etwa 70 000 Franzosen, auf der anderen 140 000 Soldaten der Verbündeten (Engländer und Preußen). Napoleon war sich seiner zahlenmäßigen Unterlegenheit bewusst und versuchte daher, die preußischen Truppen durch einen Sturm auf Hougoumont abzulenken, um dann den Hauptangriff auf den linken Flügel Wellingtons zu richten. Aber Wellington durchschaute den Plan und griff Napoleons Truppen von vorne an.

Die Preußen erstürmen Plancenoit, von Adolph Northen, 1863. Der Angriff in Plancenoit fand mit den ersten Bataillonen des 2. Grenadier- und 2. Jäger-Regiments statt.

Gegen 13 Uhr näherten sich die preußischen Truppen unter Blücher von Osten, traten drei Stunden später in die Schlacht ein und zwangen die Franzosen zum Rückzug. Nach 18 Uhr drangen die französischen Truppen unter Ney bis ins Zentrum der Wellington-Truppen vor, wurden jedoch zurückgeschlagen. Die Franzosen starteten eine Generaloffensive, waren ohne Infanterieunterstützung aber zu schwach und die Preußen entschieden schließlich durch einen sehr effektiven Angriff die bisher ausgeglichene Schlacht für sich. Der Kampf endete um 21 Uhr, als Blücher und Wellington bei Belle-Alliance, dem Quartier Napoleons, zusammentrafen.

Knapp einen Monat später, am 15. Juli 1815, reagierten die britischen Behörden auf die Niederlage von Napoleon Bonaparte. Der Kaiser wurde auf die Insel St. Helena verbannt, wo er sechs Jahre später im Exil verstarb.

Die englische Tuschezeichnung von 1814 zeigt Napoleon in seinem Exil auf Elba als hilflosen Comic-Helden. 1815 konnte er von dort fliehen und noch einmal einen Krieg vom Zaun brechen.

Sind doch nur Indianer

FEHLER: Die irrige Annahme, dass ein einziges Regiment ohne jede Verstärkung zahlenmäßig überlegene Indianer auf unbekanntem Terrain besiegen kann.

Wer?
Colonel George Armstrong Custer (1839–1876), Befehlshaber des 7. Kavallerie-regiments.

Wann?
25. Juni 1876.

Folgen
Seine zahllosen taktischen Fehler haben in der berühmten Schlacht am Little Bighorn Custer selbst und 268 Männern seines Regiments in weniger als einer Stunde das Leben gekostet.

„Ich kann jedes Indianervolk aus der Prärie entfernen."

Oberstleutnant
George Armstrong Custer

George Armstrong Custer war seinen Männern ein großer Anführer, wenngleich seine Fehleinschätzungen in der Schlacht am Little Bighorn einen großen Schatten auf sein Ansehen in der Geschichte geworfen haben.

Die Geschichte von Oberstleutnant Custer kann man, je nach Standpunkt, aus der Sicht seiner Freunde oder seiner Feinde erzählen. Für die einen war er ein heldenhafter und tapferer Soldat, der sein Leben für sein Land hingab. Für seine Kritiker war er ein eingebildeter Fatzke und ruhmsüchtiger Militär, der sein ganzes Regiment in den Tod führte. Am besten orientieren wir uns an den Fakten.

Als 1787 der Unabhängigkeitskrieg zu Ende war, zogen viele Amerikaner mit Sack und Pack in die westlichen Gebiete, um diese zu besiedeln. Aber die Indianer dort zogen nicht um und waren auch nicht bereit, Land und Ressourcen mit „Bleichgesichtern" zu teilen. Eine Einigung war nicht möglich und daher gab es aus Sicht der Siedler für das sogenannte Indianerproblem nur zwei Lösungen: die Eingeborenen „zähmen" und zu Bauern machen oder sie aus den Plains vertreiben und in Reservate sperren.

Kein Wunder, dass die Indianer sich solchen Maßnahmen nicht beugen wollten. Sie waren zuerst dagewesen und nicht gewillt, das Land ihrer Vorfahren zu verlassen. Alles deutete darauf hin, dass die einzige Möglichkeit, die Sache zu bereinigen, Krieg war. Das lag auch im kämpferischen Sinn der beiden Sioux-Häuptlinge Sitting Bull (1831–1890) und Crazy Horse (1840–1877), die ohne Zögern jeden Siedler angriffen, der sich auf ihr Gebiet wagte.

Gold auf den Hügeln

Die Spannungen wurden immer größer. Sogar der Bau der *Northern Pacific Railroad* musste unterbrochen werden, weil es ständige Angriffe auf die Arbeiter gab. Dann verbreitete sich plötzlich wie ein Lauffeuer das Gerücht, dass man in den Black Hills von Dakota Gold gefunden hätte. Was für ein Zufall! Gerade in diesen für die Sioux heiligen Bergen, die laut Vertrag von Fort Laramie allein im Besitz der Indianer und für alle anderen tabu waren! 1874 beschloss die Regierung, den Wahrheitsgehalt des Gerüchts zu prüfen, und schickte eine Expedition in die Black Hills. Damit betraut wurde Oberstleutnant Custer mit seinem 7. Kavallerieregiment. Völlig aus der Luft gegriffen, wie sich später erwies, bestätigte Custer in seinem Bericht, dass Gold „sogar in den Wurzeln der Pflanzen" zu finden sei. Nun gab es natürlich kein Halten mehr, vom Goldfieber gepackt stürmten Horden von Schatzsuchern in die heiligen Berge. Während die Territorien der Indianer mit Goldgräbern überschwemmt wurden, machte Washington munter nach allen Seiten immer weitere Zugeständnisse. Das war zu viel! Die verschiedenen Präriestämme schlossen sich auf Anregung und unter Führung von Sitting Bull und Crazy Horse in einem Bündnis zusammen. Von da an fanden täglich Angriffe auf die Eindringlinge statt, zuerst auf die Siedler und später auch auf die Soldaten, die jene verteidigen wollten.

Präsident Ulysses Grant reagierte auf die Forderungen seines Volkes. Die Indianer mussten bezwungen werden, da sie immer wieder US-Bürger angriffen, auch wenn es sich dabei meist um Goldgräber handelte, die einfach in Reservate eingedrungen waren und sich folglich widerrechtlich auf dem heiligen Boden der Indianer aufhielten.

Die Antwort der Regierung war heftig, aber auch naiv. Ende 1875 drohte sie an, jeden Indianer, der außerhalb der Reservate aufgegriffen würde, strengstens zu bestrafen. US-Präsident Ulysses Grant unterzeichnete ein Ultimatum, dass „jeder, der sich bis dahin nicht in sein Reservat begeben hat oder dies verweigert, als feindseliger Indianer betrachtet wird und vom Militär dazu gezwungen werden kann". Die Indianer waren bereits auf dem Kriegsfuß und spotteten über diese Ankündigung der Weißen. Schließlich tat die Regierung den ersten Schritt und schickte einen Expeditionstrupp unter der Führung von General George Crook ins Indianergebiet. Er sollte die Streitmacht von Crazy Horse vernichten. Doch die Mission scheiterte aufgrund der Kälte und schlechter Taktik.

Tausende erboste Indianer

Im Mai 1876 rückte erneut ein Heer mit dem festen Vorsatz aus, die Indianer ein für alle Mal zu schlagen. Es bestand aus drei Heersäulen: Die erste mit 1200 Soldaten unter General George Crook sollte vom Süden aus vorstoßen, die zweite mit 400 Mann unter Oberst John Gibbon aus dem Westen, und die dritte, von General Alfred Terry geführte mit etwa 1300 Soldaten sollte von Osten kommend angreifen. Zur letzten Säule gehörte auch das vom berühmten Oberst Custer geführte 7. Kavallerieregiment.

Sitting Bull und Buffalo Bill im Jahr 1885, zwei legendäre Männer des amerikanischen Westen. Sitting Bull führte die Streitmacht der Indianer, unter anderem die Sioux- und Cheyenne-Krieger, gegen das 7. Kavallerieregiment an.

Auf der Gegenseite war es Sitting Bull gelungen, im Tal des Little Bighorn (heute Montana) das größte Indianerlager, das es je auf dem nordamerikanischen Kontinent gegeben hatte, mit rund 7000 „Rothäuten" (vorwiegend Sioux und Cheyenne) aufzuschlagen. Die Botschaft dieses charismatischen Sioux-Häuptlings hatte sich wie ein Lauffeuer verbreitet. Im Lager versammelten sich Crowfoot, der mächtigste Chief der Blackfoot, und andere große Häuptlinge wie Gall, Rain in the Face, Two Moons und Red Horse.

Ihren ersten Sieg errangen die Indianer am Morgen des 17. Juni 1876, als Crazy Horse und seine Männer das Lager von General Crook in der Nähe von Rosebud überfielen. Der Kampf dauerte sechs Stunden und stoppte Crooks weiteren Vormarsch nach Norden. Sein Regiment wurde geteilt und seine Leute geschlagen, bevor sie überhaupt in den Kampf

eingreifen konnten. Damit war der südliche Angriffskeil aus dem Spiel. Terry, Gibbon und Custer wussten davon nichts und beschlossen, dass Letzterer mit seiner Kavallerie durchs Rosebud-Tal in Richtung Bighorn-River, dem Sammelplatz der Indianer, vorrücken sollte. Custer hatte die Anweisung, dort auf die mit Terry heranrückende Infanterie zu warten, damit sie dann gemeinsam die Indianer einkreisen und vernichten könnten.

Die falsche Entscheidung

Custer war ein ehrgeiziger Mann und das war die perfekte Gelegenheit, zu Ruhm und Anerkennung zu gelangen. Er pfiff auf den Befehl und machte sich vor Ort zum Angriff auf das Indianerlager bereit. Am Sonntag, dem 25. Juni 1876, um 0.05 Uhr spaltete er seine Truppen in drei Teile auf. Major Marcus Reno sollte mit seinen 131 Männern Custer folgen. Hauptmann Frederick Benteen und Custer selbst marschierten mit fünf Kompanien entlang einer Hügelkette zum Nordende des Lagers. Diese Fehlentscheidung kostete viele Menschenleben.

Den ersten Angriff führte Reno, aber die Indianer konnten ihn abwehren und zwangen seine Truppen zum Rückzug. Zu diesem Zeitpunkt beschloss ein ungeduldiger Custer, nun ebenfalls anzugreifen. Er leitete fünf Kompanien (268 Mann), die sich seinem Plan nach östlich des Flusses dem Tal nähern und aus den Hügeln hinab die Indianer attackieren sollten. Dabei baute er auf die Unterstützung der Reno-Truppen, die jedoch längst geschlagen und in völligem Chaos geflohen waren. Nach und nach wurden Custers Leute von immer mehr Indianern umringt und das Ganze fand ein schnelles Ende. Wegen des unebenen Geländes mussten Custers Soldaten von ihren Pferden absteigen und sich dem Kampf Mann gegen Mann stellen. Die Würfel waren gefallen. Die Krieger der Sioux unter Gall und Crazy Horse zogen die Angriffslinie immer enger und in nicht einmal einer Stunde waren alle Männer der 7. Kavallerie tot.

Drei Tage später bot sich der Truppe von Terry beim Fund der Toten ein grausiges Bild. Die meisten Leichen waren ihrer Kleidung beraubt und skalpiert worden. Der Leichnam von Oberst „Long Yellow Hair" Custer, wie ihn die Indianer nannten, wurde auf einer kleinen Anhöhe mit zwei Einschüssen (Schläfe und Brust) und durchstochenen Trommelfellen gefunden (so konnte der Verstorbene nach altem Indianerglauben nichts mehr von der anderen Welt hören).

George Armstrong Custer und Elizabeth Bacon Custer, 1864, im Jahr ihrer Eheschließung. Ihr Vater, ein Richter, war gegen diese Ehe, weil Custer der Sohn eines Schmieds war.

Das große Indianerdorf löste sich bald auf. Häuptling Crazy Horse wurde später mit Bajonetten umgebracht und Sitting Bull, der zunächst nach Kanada floh, starb nach seiner Rückkehr im Jahr 1890 durch Schüsse bei einem Handgemenge.

Die Indianer wurden über Jahre verfolgt und praktisch vernichtet. Bis 1924 hatten sie keinerlei Rechte als amerikanische Bürger.

Die Schuld lag bei ...

Noch heute versuchen viele Historiker die Fehlerkette zu analysieren, die zur Niederlage am Little Bighorn geführt hat. Der Fehler von Reno, dessen Rückzug einen Angriff auf das Südende des Lagers platzen ließ ... Die Teilung der Truppen am Tag der Schlacht ... Aber die einzige unbestreitbare Tatsache ist, dass Custers taktische Fehlentscheidung seine Männer in einem beispiellosen Gemetzel das Leben kostete.

Sie kommen NIE durch …

FEHLER: Sicher sein, dass die unmittelbar nach dem Ersten Weltkrieg an der französischen Grenze zu Deutschland und Italien erbaute Maginot-Linie einem Angriff der deutschen Panzerdivisionen standhält.

Wann?
Vom 10. Mai bis 25. Juni 1940.

Wer?
G. Maurice Gamelin (1872–1958), Oberbefehlshaber der französischen Streitkräfte.

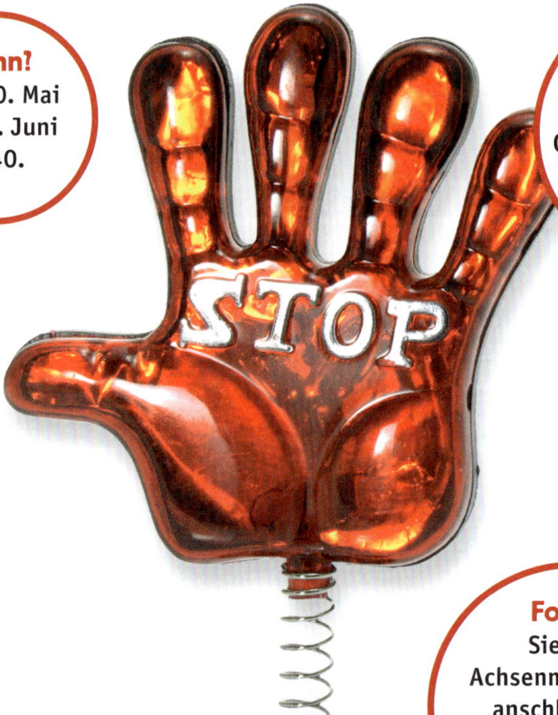

Folgen
Sieg der Achsenmächte und anschließende Kapitulation der französischen Regierung.

„Beim Auslösen eines Kriegs kommt es nicht auf das Recht an, sondern auf den Sieg."

Adolf Hitler, 22. August 1939

Nach den Erfahrungen im Ersten Weltkrieg wollten sich die Franzosen vor einem Angriff seitens ihrer kriegsbereiten deutschen und italienischen Nachbarn schützen. Also verwirklichten sie eine uralte Idee des römischen Heeres (noch eine nutzlose Grenzanlage, der Hadrianswall) und errichteten ein monumentales, aus einer Linie von Bunkern bestehendes Defensivbauwerk entlang ihrer Grenzen zu beiden Ländern. Entworfen vom damaligen Verteidigungsminister (und Namensgeber) André Maginot hatte die französische Version der Chinesischen Mauer eine Länge von rund 400 km. Mit mehr als 100 Forts im Abstand von 15 km und zahlreichen kleinen Schanzen schien das Bollwerk uneinnehmbar. Wenn man von einer kleinen Fehleinschätzung absieht: Die vom Oberrhein bis nach Belgien errichtete Maginot-Linie war im Wald der Ardennen nicht voll ausgebaut. Warum? Die französischen Befehlshaber hielten es für ausgeschlossen, dass eine Panzerdivision diesen Abschnitt passieren könnte. Zudem hatten Belgien und Frankreich ein seit 1920 bestehendes Bündnis, das es den Franzosen erlaubte, im Falle eines Angriffs von Seiten eines dritten Landes seine Truppen im belgischen Hoheitsgebiet einzusetzen. Allerdings hatten sie da etwas übersehen …

Noch heute wird man beim Besichtigen der Maginot-Linie durch einen Anblick wie diesen an die Nutzlosigkeit des Baus erinnert. Der abgebildete US-Jagdpanzer vom Typ Tank Destroyer steht dort, seit die Verteidigungslinie aufgegeben wurde. Erst nach der Landung der Alliierten in der Normandie zogen sich die Deutschen zurück.

Durchbruch an der Maginot-Linie

Und da begann Hitler den Zweiten Weltkrieg. Im September 1939 überfiel er Polen und bald danach Norwegen und Dänemark. Das sah kinderleicht aus. Die deutschen Truppen rückten gefährlich nahe an die Grenze der Maginot-Linie und die Alliierten wurden allmählich nervös. Während Maurice Gamelin, der konservative Generalstabschef der französischen Armee, weiter auf eine veraltete Verteidigungsstrategie mit Schützengräben setzte, führten die Deutschen neue Panzereinheiten und Kampfflugzeuge ein. In der Überzeugung, dass die Maginot-Linie die Deutschen im Osten abhalten würde, nahm er an, dass die deutsche Offensive über die Niederlande und Belgien erfolgen würde.

Amerikanische Soldaten überqueren die Maginot-Linie im September 1944. Man sieht im Bild die kegelförmgen Betonpoller, die Fahrzeuge an der Weiterfahrt hindern sollten.

Dann geschah das Unerwartete: Die Belgier ahnten, dass der Krieg ihr Land verschlingen könnte, und erklärten sich kurzerhand für neutral. Daraufhin mussten die Franzosen ihre Verteidigungslinie an der belgischen Grenze verstärken. Aber genau dort wies das Befestigungssystem nicht dieselben Sicherheitsstandards auf wie an den anderen Abschnitten, vor allem in der Umgebung von Metz und Lauter sowie im Elsass. Weil er den deutschen Angriff über Belgien erwartete, ordnete Gamelin an, die Verteidigungslinie bis an die französische Grenze zu verlegen und sich dort den Invasoren entgegenzustellen. Damit hatte er völlig recht. Tatsächlich fielen Hitlers Truppen in Belgien ein. Niemand hatte mit dem listigen Plan des deutschen Generalleutnants Erich von Manstein gerechnet. Der clevere Stratege aus Berlin schlug vor, die alliierten Truppen durch Angriffe im Norden Belgiens abzulenken, während die Hauptstreitmacht unbemerkt den „unüberwindbaren" Sperrriegel in den Ardennen durchbrach. Dort standen nur zwei französische Divisionen, die gegen das Vorrücken von 45 gegnerischen (darunter sieben Panzerdivisionen) nichts ausrichten konnten.

Mit jedem Schritt näher

Die deutsche Offensive begann im Morgengrauen des 10. Mai 1940. Und nur zwei Tage später überquerte das 19. Panzerkorps unter dem Kommando von Heinz Guderian die Ardennen. Die französische Regierung geriet in Panik, weil sie bis zu diesem Zeitpunkt nichts von einem derartigen Vorstoß gewusst hatte. Zum Glück hatten die Alliierten noch ein Ass im Ärmel. Nach Meinung der französischen Kommandeure konnten die deutschen Panzer niemals die Maas überqueren. Eine weitere Fehleinschätzung. Die deutsche Luftwaffe startete einen Bombenangriff auf die französische Artillerie, die den Fluss bis zuletzt verteidigte. Während über 1200 Bomben auf die französischen Soldaten fielen, gelang es den deutschen Sturmpionieren in weniger als 10 Stunden eine passierbare Brücke über den Fluss zu errichten. Um diese zu zerstören, flog die Royal Air Force mit 70 Flugzeugen einen Angriff, aber die deutschen Jagdgeschwader und Flak-Batterien bereiteten den Briten eine der schlimmsten Niederlagen im Luftkampf: Nur 31 Flugzeuge kehrten zurück. Zu diesem Zeitpunkt war die Lage für die Franzosen völlig aussichtslos. Die deutschen Truppen stießen immer weiter vor. Gamelin musste wegen Inkompetenz zurücktreten und wurde von General Maxime Weygand abgelöst. Doch die Lage verschlimmerte sich noch weiter, als Italien eingriff und den Franzosen den Krieg erklärte. Da hatte Frankreich bereits seine besten Waffen und Divisionen verloren.

Einer der 81-mm-Granatwerfer, stationiert im Fort Saint Gobain an der Maginot-Linie. Er wurde nie eingesetzt.

Frankreich ist besetzt

Am 10. Juni 1940 zog sich die französische Regierung von Paris nach Bordeaux zurück. Knapp zwei Wochen später traf sich Hitler mit mehreren ranghohen französischen Militärs, die um einen Waffenstillstand ersuchten. In einem Abkommen wurde festgelegt, dass zwei Drittel Frankreichs unter deutsche Besatzung fallen und sich die Stärke des französischen Heeres auf ein lächerliches Maß reduzieren sollte.

Als die Franzosen sich über die harten Konditionen beklagten, ließen die Deutschen keinen Zweifel daran, dass sie keine weiteren Zugeständnisse machen würden. So endete der sogenannte Frankreichfeldzug mit fast 100 000 französischen Opfern, während es auf deutscher Seite lediglich 7000 Tote gab.

Unternehmen Barbarossa

FEHLER: Die Sowjetunion überfallen, das Potenzial des russischen Heeres unterschätzen und keinen Gedanken an den Winter verschwenden.

Wer?
Adolf Hitler, Reichskanzler und Oberbefehlshaber der Wehrmacht.

Wann?
Juni bis Dezember 1941.

Folgen
Weder an die Kälte noch an Napoleons Schicksal zu denken führte zur demütigenden Niederlage der deutschen Armee und beendete den Traum von der deutschen Herrschaft über Europa.

Deutsche Truppen in Russland 1941. Hitler plante ein schnelles Vorrücken, um Moskau vor dem Wintereinbruch zu erreichen. Aber er hatte nicht mit Schwierigkeiten gerechnet und seine Truppen wurden von einem außergewöhnlich harten Winter überrascht, dem sie ohne die notwendige Ausrüstung hilflos ausgeliefert waren.

„... die Welt wird den Atem anhalten."

Adolf Hitler, Dezember 1940

Wie es schien, war niemand in er Lage, Hitler in seinem Expansionsstreben zu bremsen. 1941, mitten im Zweiten Weltkrieg, hatte sich das Deutsche Reich bereits die meisten westeuropäischen Staaten einverleibt. Polen, Dänemark, Norwegen, Belgien, Niederlande, Luxemburg, Jugoslawien, Griechenland und große Teile von Frankreich waren erobert und besetzt. Italien blieb ein Verbündeter und Rumänien, Bulgarien, die Slowakei, Ungarn und Finnland waren quasi Satellitenstaaten. Einige andere Nationen waren neutral oder nicht direkt am Krieg beteiligt.

Nach seinem erfolgreichen Frankreichfeldzug musste Hitler nur noch den Widerstand Großbritanniens und der Sowjetunion brechen. Mit seinen Streitkräften, die nun nicht mehr im Westen gebunden waren, wandte er sich nach Osten. Der „Führer" träumte von einem Kontinentalreich, das sich vom Atlantik bis zum Ural erstrecken sollte. Bereits in *Mein Kampf* hatte er die Vorstellung vom „Lebensraum im Osten" weiterentwickelt. Immer wieder betonte er, dass er Osteuropa bis zum Ural als Ergänzungs- und Siedlungsraum für ein künftiges „Großgermanisches Reich" begriff. Durch die Eroberung des russischen Territoriums würde für das deutsche Volk nicht nur dieser seit Jahrhunderten benötigte Lebensraum gewonnen, sondern auch der Bedarf an Rohstoffen gedeckt. Wenn er außerdem Großbritannien in einem langen Zermürbungskrieg besiegen wollte, schien es sinnvoll, sich die riesigen Vorräte an Getreide und Rohöl in Russland zu sichern.

Bald gab Hitler seinem Traum einen Namen: „Unternehmen Barbarossa" (zu Ehren von Friedrich I. Barbarossa, Kaiser des römisch-deutschen Reiches 1155–1190). Ihm schwebte vor, die Sowjetunion mit einer Blitzkrieg-Strategie zu überfallen und in einem Zug zu vernichten – theoretisch sollte alles in ein paar Monaten vorbei sein, lange bevor der Winter anbrechen würde.

Hitler traf alle Entscheidungen alleine. Beim Russlandfeldzug hörte er nicht auf seine Generäle und beging eine Reihe von taktischen Fehlern, die letztendlich in die Katastrophe führten.

Nur drei Monate?

Damit seine Truppen nicht von der Winterkälte überrascht würden, wollte Hitler die Offensive im Mai 1940 durchführen. Seiner optimistischen Einschätzung zufolge hätte seine Armee in knapp drei Monaten ein ganzes Land besiegt haben müssen. Im Gegensatz zu Napoleon teilte er das Heer in drei Gruppen auf. Die Heeresgruppe Nord sollte durch die baltischen Staaten bis Leningrad (heute St. Petersburg) vorstoßen. Die Heeresgruppe Mitte durch das zentrale Weißrussland vordringen mit dem Ziel, Moskau zu erobern. Und die Heeresgruppe Süd hatte die Aufgabe, die Ukraine zu vernichten, Kiew zu erobern und über die Wolga bis in die bergige Kaukasusregion vorzurücken, um diese Gebiete (reich an Öl) einzunehmen. Insgesamt marschierten etwa 3,2 Mio. Soldaten an der sowjetischen Grenze auf, zusammen mit einer Million Soldaten der Verbündeten und „Satellitenstaaten", alle für den Generalangriff bereit.

Dann geschah etwas, was die Lage völlig veränderte. Mussolini wurde bei seinem versuchten Überfall auf Griechenland von den alliierten Truppen eingekesselt. Um Italien zu unterstützen und zugleich das inzwischen nicht mehr neutrale Jugoslawien zu unterwerfen, bombadierte Hitler Belgrad und nahm den Balkanstaat ein. Griechen land ergab sich deshalb kurz darauf und Hitler konnte sich wieder auf den Russlandüberfall konzentrieren.

Mussolini und Hitler im Juni 1940. Die Italiener hatten von Anfang an ernste Probleme, die Kontrolle über Nordafrika zu behalten. Nach dem Sturz von Mussolini 1943 kämpfen sie auf der Seite der Alliierten.

Die Mittelmeerfront war gesichert, aber die Deutschen hatten zu viel Zeit verloren. Einige Generäle des Stabes warnten Hitler, dass das Risiko, vom russischen Winter überrascht zu werden, bei einem Angriff Mitte Juni enorm gestiegen sei. Der „Führer" hörte nicht auf die Warnungen und legte als Datum für die Offensive den 22. Juni 1941 fest. So fielen an diesem Tag um 3.15 Uhr 4 Mio. Soldaten auf einer breiten Front von 1600 km zwischen der Ostsee und dem Schwarzen Meer in Russland ein. Mit insgesamt 225 Divisionen, unterstützt von 7000 Kanonen, 4400 Panzern und 4000 Flugzeugen war dies die größte Bodenoperation der Geschichte.

In den ersten Wochen der Offensive verlief alles nach Plan. Der Erfolg des Feldzuges war so groß, dass General Halder erklärte: „Man kann durchaus behaupten, dass die Aufgabe, den Großteil der Roten Armee zu zerstören, erfüllt ist. Es ist daher keine Übertreibung zu sagen, dass die Kampagne gegen Russland in 14 Tagen gewonnen wurde."

Deutsche Soldaten 1942 in einem Schützengraben, halb erfroren vor Kälte. Die Würfel waren gefallen.

Operation Taifun

Die Niederlage war nur noch eine Frage von Tagen, als das Wetter sich mit den Russen zu verbünden begann. Der Regen setzte ein und verwandelte die Wege im Juli in eine einzige Schlammwüste. Die Heeresgruppen Nord und Süd kamen nicht mehr voran und Hitler traf eine folgenreiche Fehlentscheidung. Er stoppte die Heeresgruppe Mitte auf ihrem Vormarsch nach Moskau, damit sie den beiden anderen Heeresgruppen bei der Besetzung von Leningrad und der Ukraine zu Hilfe kommen konnte. Die Offensive gegen die sowjetische Hauptstadt wurde wegen der sogenannten Operation Taifun bis zum 2. Oktober nicht wieder aufgenommen. Hitlers Plan war es, die ganze Stadt zu sprengen, sie komplett von der Landkarte zu löschen und später einen riesigen Staudamm zu bauen, um mittels Wasserkraft Energie zu erzeugen und gleichzeitig die Stadt zu überfluten.

Aber Regen und Schnee fielen immer noch, als das deutsche Heer bereits ungefähr 80 km vor Moskau stand, und die schwere Infanterie auf den schlammigen Straßen zum Stillstand kam. Die meisten Panzer, LKW, Motorräder sowie die Artillerie steckten fest. Nach dem Regen kam der Temperatursturz. Im November wurden die deutschen Soldaten unter General Fedor von Bock von Temperaturen bis zu -10 °C überrascht. Die Kälte legte in kurzer Zeit alle Fahrzeuge und Panzer lahm, da die Reserven an Frostschutzmittel schnell erschöpft waren. Auch die Bestände an Winterkleidung waren eindeutig unzureichend, denn niemand hatte geglaubt, dass sich der Feldzug so viele Monate hinziehen würde.

Generalfeldmarschall Fedor von Bock hatte iden Auftrag, mit seiner Heeresgruppe auf Moskau vorzustoßen. Er erlag am 4. Mai 1945 seinen Verletzungen durch einen Tieffliegerangriff.

Ende November verschlimmerte sich die Lage drastisch, nachdem das Thermometer auf historische -45 °C gefallen war. Die Kälte hatte schon jetzt mehr Todesopfer gefordert als die Feindangriffe. Fast alle Offiziere schlugen vor, den Winter abzuwarten und die Offensive erst im Frühjahr wieder fortzusetzen. Außerdem hatte Stalin die Taktik der verbrannten Erde befohlen. Weiden, Getreide, Vieh ... Alles war völlig zerstört und vernichtet worden, damit die deutschen Truppen, wo immer sie hinkamen, sich keine Nahrung beschaffen konnten.

Russische Soldaten im Jahr 1941, bereii, dem Feind die Stirn zu bieten. Die Rote Armee wandte dieselbe Taktik wie gegen Napoleon an. Vor dem vorrückenden Feind zurückweichen, sich dann umgruppieren und angreifen.

Aber Hitler wollte Moskau erobern und trieb seine Truppen zu einem letzten Angriff auf die Hauptstadt an. Die Russen wollten ihre Stadt mit einer Armee von 1,2 Mio. Soldaten, fast 8000 Geschützen und Granatwerfern sowie rund 1000 Panzern verteidigen. Darüber hinaus hatten sie eine Schar von Arbeitern zum Bau von Schützengräben, Sperren aus Stacheldraht und Barrikaden mobilisiert, um die Invasionsarmee zu stoppen.

Hitler plante, wenige Stunden nach Beginn seines Angriffs in den Kreml einzuziehen, aber den Sowjets gelang es, dies durch ihren Widerstand zu vereiteln. Als Stalin durch den Spion Richard Sorge aus Tokio erfuhr, dass Japan den Nichtangriffspakt beider Länder einhielt, konnte er die in Sibirien stationierten Truppen gegen Hitlers Soldaten marschieren lassen. Logistische Probleme und der sowjetische Widerstand zwangen die Nationalsozialisten schließlich in die Knie und zum demütigenden Rückzug.

Der „Tag der Schande" … das vermeidbare Desaster

FEHLER: Zu spät auf einen drohenden Angriff der Japaner auf den US-Flottenstützpunkt Pearl Harbor reagieren.

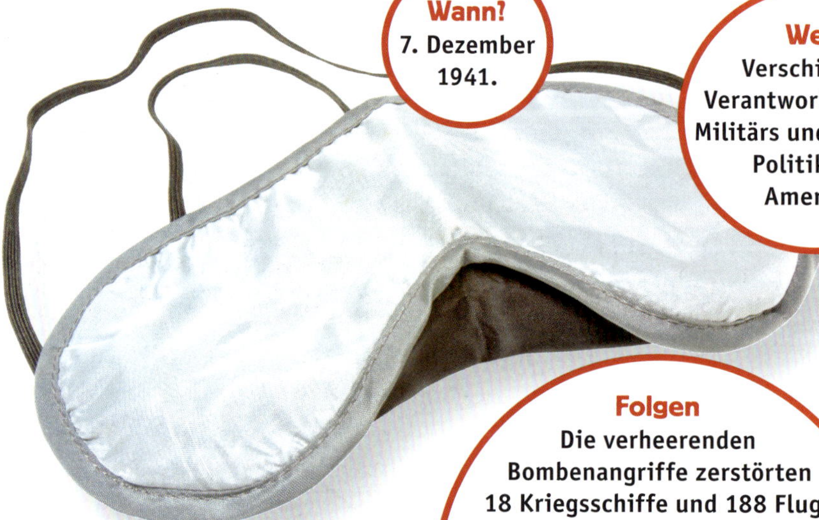

Wann?
7. Dezember 1941.

Wer?
Verschiedene Verantwortliche des Militärs und führende Politiker in Amerika.

Folgen
Die verheerenden Bombenangriffe zerstörten 18 Kriegsschiffe und 188 Flugzeuge am Boden. In wenigen Stunden wurden 2433 Matrosen, Soldaten und Zivilisten getötet. Der Angriff führte zu einer erheblichen Schwächung der US-amerikanischen Marine und der Luftstreitkräfte im Pazifik.

„Es wäre beruhigend, wenn wir annehmen könnten, in Pearl Harbor habe es sich nur um ein kolossales und ungewöhnliches Versagen gehandelt. Das Beunruhigende ist, dass [...] eine bemerkenswert gut informierte Regierung es einfach versäumt hat, [...] den nächsten Schritt des Feindes vorauszusehen.“

Th. C. Schelling, *Center for Internal Affairs*, Harvard.

Die USS California versinkt 1941 schwer getroffen im Hafen von Pearl Harbor. Sie wurde aber gehoben, als Symbol des amerikanischen Imperiums wieder repariert und erst 1959 verschrottet und verkauft.

Drei Tage haben sich bei den Amerikanern ins Gedächtnis eingegraben: 9/11, die Ermordung Kennedys 1963 und der Angriff der japanischen Luftstreitkräfte auf den Marinestützpunkt von Pearl Harbor 1941, um den es hier gehen soll.

Hinter vielen Kriegen, wenn nicht hinter den meisten, verbergen sich im Grunde wirtschaftliche Interessen. Um zu verstehen, warum sich Japan auf einen Konflikt wie den Zweiten Weltkrieg eingelassen hat, muss man zurückgehen und die schlechte Beziehung zu seinem chinesischen Nachbarn beleuchten. Seit 1937 führte Japan gegen China Krieg. Der japanische Expansionsdrang war grenzenlos, und die Tatsache, dass Frankreich im Juni 1940 in deutsche Hände gefallen war, kam fast einer Aufforderung gleich, Französisch-Indochina anzugreifen. Darauf reagierten die USA und Großbritannien mit einer einschneidenden Wirtschaftsblockade. Das Embargo betraf die Einfuhr von Stahl und Erdöl (das für Japan so wichtige schwarze Gold, über das es selbst nicht verfügte). Da auch der Import anderer wichtiger Rohstoffe

Außenminister Cordell Hull hat das nach ihm benannte Dokument, die Hull-Note, den Japanern unterbreitet, die sich durch die Forderung, China und die französische Kolonie in Asien gegen die Lieferung von Rohstoffen zu räumen, provoziert fühlten. Hull erhielt im Jahr 1945 den Friedensnobelpreis für seine Mitwirkung an der Gründung der Vereinten Nationen.

wie Kautschuk und Kupfer blockiert war, kam die japanische Wirtschaft bald darauf fast zum Erliegen. Sie sollte durch diplomatische Verhandlungen mit den USA und Großbritannien wieder angekurbelt werden. Die US-Regierung verfasste die sogenannte Hull-Note (benannt nach Außenminister Cordell Hull), in der sie von Japan den sofortigen Rückzug aus China und Französisch-Indochina forderte. Die japanischen Diplomaten waren extrem verärgert und nannten die Hull-Note eine „Erpressung und Provokation". An diesem Tag, dem 26. November 1941, bgann Japan, Pläne für den Angriff auf den Marinestützpunkt von Pearl Harbor zu schmieden.

Operation Z

Japan hatte keine andere Wahl als zu handeln. Der japanische General und Premierminister Tojo Hideki (1884–1942) sagte: „Sich zurücklehnen würde die Zerstörung Japans bedeuten". Als Oberkommandierender der japanischen Flotte hielt sich Yamamoto Isoroku an eine bewährte Strategie der Japaner, welche diese bereits beim Angriff auf Port Arthur zu Beginn des Russisch-Japanischen Krieges (1904–1905) angewendet hatten. Er schlug einen Überraschungsschlag gegen den Marinestützpunkt Pearl Harbor auf Hawaii als beste Alternative vor, um die feindliche Flotte im Pazifik zu zerstören und die europäischen und amerikanischen Kolonien in Asien und Ozeanien zu besetzen, während die Amerikaner mit dem Wiederaufbau ihrer Flotte beschäftigt wären.

Die US-Basis auf dem Hawaii-Archipel war der Hafenkomplex von Pearl Harbor. Dieser für den Pazifik strategisch wichtige Stützpunkt lag auf der Insel Oahu, etwa 15 km von der Hauptstadt Honolulu entfernt.

Es wurde beschlossen, den Angriff mit „Operation Z" zu bezeichnen, zu Ehren der Z-Flagge von Admiral Togo, unter der dieser den entscheidenden japanischen Angriff in der Schlacht von Tsushima (1905) gegen die russische Ostseeflotte führte, der mit einer vernichtenden Niederlage für die Russen und 4380 Toten endete. Yamamoto setzte als Datum des Angriffs den frühen Morgen (Ortszeit) des 7. Dezember 1941 fest.

Die Ankündigung kam zu spät

Die Taktik bestand darin, den USA erst kurz vor dem Angriff den Abbruch der Verhandlungen zu erklären. Das Auswärtige Amt in Tokio schickte eine verschlüsselte Nachricht an die japanische Botschaft in Washington, die den amerikanischen Behörden erst übermittelt werden sollte, wenn die japanische Flotte bereits auf dem Weg nach Pearl Harbor war. Aber die kodierte Nachricht wurde abgefangen und vom ONI (*Office of Naval Intelligence*, Amt für marinenachrichtliche Angelegenheiten) in Maryland entschlüsselt. Ihr Inhalt wurde an Admiral Stark, den Chef der Marine, weitergeleitet. Einige der anwesenden Offiziere bemerkten, dass der von den Japanern vorgesehene Zeitpunkt für den Abbruch der Verhandlungen mit dem Morgengrauen in Honolulu zusammenfiel, also der mögliche Beginn eines Angriffs sein konnte. Der Verdacht musste Generalstabschef George C. Marshall gemeldet werden. Der war gerade auf einem Ausritt und kam zu spät ins Büro. Als er endlich die Drohung der Japaner gelesen hatte, gab er sofort eine Meldung über Funk durch. Aber die Wetterbedingungen im Pazifik waren äußerst schlecht und niemand reagierte auf der anderen Seite. Er entschied, die Nachricht über ein Telegraphenkabel zu senden, wodurch sie ihre Dringlichkeit verlor. Als die Warnung in Hawaii ankam, blieben bis zum Angriff nur noch wenige Minuten.

Yamamoto Isoroku war der General der Japaner, den die Amerikaner als den fähigsten betrachteten. Er hatte in Harvard studiert und kannte seine Feinde gut. Während einer späteren Vergeltungsaktion des amerikanischen Heeres wurde er von einem Jagdflugzeug abgeschossen und fand dabei den Tod.

Der Zerstörer USS Shaw explodiert während des Angriffs auf Pearl Harbor. Trotz der gewaltigen Schäden wurde er in San Francisco wieder hergerichtet und war danach bis 1945 erneut erfolgreich im Einsatz.

Ein verheerender Bombenangriff

Das Aufgebot der japanischen Flotte für den Angriff war atemberaubend. Es bestand aus sechs Flugzeugträgern, zwei Schlachtschiffen, zwei schweren Kreuzern, einem leichten Kreuzer, acht Zerstörern, 81 Sturzkampfflugzeugen, 135 Horizontalbombern, 40 Torpedobombern und drei Kraftstofffrachtern. Der Angriff auf die amerikanische Basis wurde in zwei Wellen durchgeführt. Der erste Angriff auf Pearl Harbor erfolgte um 7.53 Uhr am Sonntag, dem 7. Dezember 1941. Er wurde in erster Linie von Torpedobombern geführt und konzentrierte sich auf die amerikanischen Flugzeugträger und Kriegsschiffe.

Gleichzeitig griffen Sturzkampfbomber die Flugplätze Hickam Field und Wheeler Field an.

Die Flieger der zweiten Welle nahmen sich Bellows Field und Ford Island, einen zentralen Marineluftstützpunkt von Pearl Harbor, vor. Yamamotos Überraschungseffekt war vernichtend. 90 Minuten nach dem Start war der Angriff vorüber. Insgesamt versenkten die Japaner 18 Schiffe und zerstörten 188 US-Flugzeuge am Boden. Sie töteten 2433 Matrosen, Soldaten und Zivilisten. Fast die Hälfte davon kamen durch die Explosion und den Untergang der USS Arizona ums Leben. Das tonnenschwere Schiff knickte wie ein Blatt Papier ein und sank in nur 9 Minuten, nachdem es von einer panzerbrechenden Bombe aus großer Höhe getroffen worden war, die zwischen den vorderen Geschütztürmen das Deck durchschlug und die beiden Munitionskammern zur Explosion brachte.

Mitsubishi A6M Zero. Dieser Typ Langstreckenflugzeug wurde von den Japanern beim Bombenangriff auf Pearl Harbor benutzt.

War die Katastrophe vermeidbar?

Viele werfen der US-Regierung vor, nichts getan zu haben, um den Angriff auf Pearl Harbor zu verhindern. Sie stützen sich auf diverse Daten und in erster Linie auf einen Tagebucheintrag von Kriegsminister Henry Stimson über eine Unterredung mit Präsident Roosevelt im November 1941 – zehn Tage vor dem Angriff: „Es könnte sein, dass wir vielleicht schon am nächsten Montag [dem 1. Dezember 1941] angegriffen werden, denn die Japaner sind berüchtigt dafür, dass sie ohne Vorwarnung angreifen. [...] Die Frage war, wie man sie [die Japaner] in eine Position manövrieren könnte, in der sie den ersten Schuss abgeben, ohne dass uns [den USA] zu viel passiert. [...] Es wäre wünschenswert sicherzustellen, dass die Japaner dies wären, sodass niemand auch nur den geringsten Zweifel haben könnte, wer der Aggressor war.“

Kritische Historiker fanden heraus, dass die Nationalarchive über 100 Nachrichten der japanischen Flotte aufbewahren, die während ihres 5360 km langen Anflugs auf Pearl Harbor abgefangen wurden. Aber die Warnung, dass bald etwas passieren würde, kam nicht. Warum?

GESCHÄFTE!

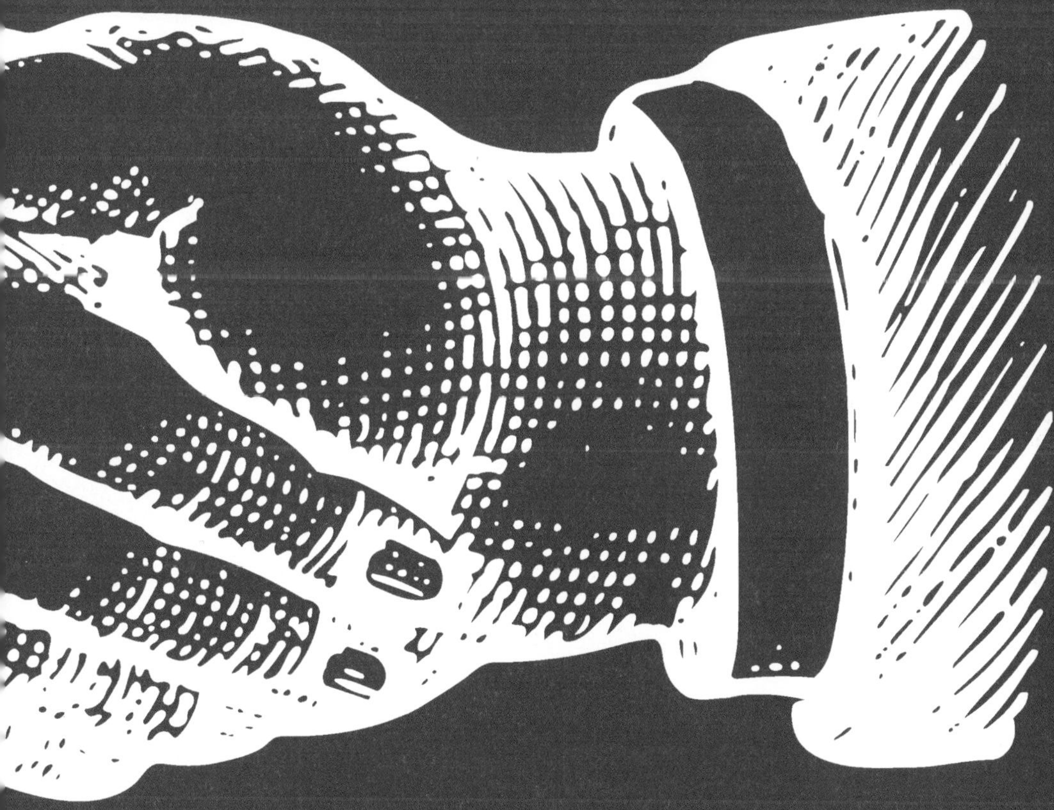

Der Börsencrash an der Wall Street

FEHLER: Das starke Ungleichgewicht zwischen Angebot und Nachfrage, Überschuldung, ungesicherte Kredite und mangelnde Voraussicht von Seiten der US-Regierung, die passiv blieb und Fehler machte, führten zu einer schweren, jahrelang anhaltenden Weltwirtschaftskrise.

Wann?
24. Oktober 1929.

Wer?
Überproduktion, Spekulationsblase, Kurssturz am Aktienmarkt, die alle auf ein starkes, unreguliertes Wirtschaftswachstum zurückgingen.

Folgen
Der Wertverlust der Aktien hat Tausende von Anlegern ruiniert. Panik machte sich breit und die Menschen strömten in die Banken, um ihre Gelder abzuziehen. Selbstmorde, Armut und Hunger nahmen landesweit überhand. Etwa 100 000 Unternehmen mussten schließen und die Krise sprang auf Europa über, wo nur unzureichende Gegenmaßnahmen ergriffen wurden.

„Ich sehe nichts Bedrohliches in der augenblicklichen Situation. Es gibt keinen Grund für Pessimismus … Ich bin sehr zuversichtlich, dass wir im kommenden Frühjahr den Beginn eines neuen Aufschwungs sehen werden, der das ganze Jahr über anhält."

Andrew W. Mellon,
Finanzminister,
31. Dezember 1929

Anfang der 1920er-Jahren lebten die Amerikaner auf großem Fuß. Es war die Zeit des wirtschaftlichen Wohlstands, des enormen industriellen Wachstums und des tiefgreifenden Umschwungs bedingt durch den technischen Fortschritt. Fast alle Leute standen in Lohn und Brot und der Bedarf an Konsumgütern stieg immer weiter an. Selbst Elektrogeräte und Autos, die sonst nur für Reiche erschwinglich waren, wurden von der breiten Masse gekauft. Ein Flair von Wohlstand und Optimismus lag über dem Land. Auch der damalige republikanische US-Präsident Herbert Clark Hoover (1874–1964) jubelte überzeugt:

Amerika war sehr schnell gewachsen und hatte sich in zu starke Abhängigkeit vom Finanzsystem begeben. Viele Leute besaßen Aktien und hofften auf hohe Gewinne, die sie für den Ruhestand anzusparen gedachten. Ein Bürger verkauft gerade sein Auto, um die Verluste durch den Crash zu kompensieren.

„Wir in Amerika sind dem endgültigen Triumph über die Armut näher als jedes andere Land in der Geschichte … Wir haben unser Ziel noch nicht erreicht, aber, wenn wir unsere Politik der letzten acht Jahre weiter fortsetzen können, so werden wir mit Gottes Hilfe den Tag erleben, an dem die Armut aus unserem Land verbannt sein wird."

Die USA waren in der Tat auf dem richtigen Weg. Die Automobil- und die Stahlindustrie boomten und sorgten für

Beschäftigung. Noch nie war die Arbeitslosenquote in den USA so niedrig gewesen. Die Industrie konnte sich vor der steigenden Nachfrage der Verbraucher kaum noch retten. Dank Automatisierung wurden die Produktionskosten in den Fabriken gesenkt und dadurch höhere Gewinne erzielt. Kurz: Die Amerikaner waren im siebten Himmel. Das Gleiche galt für die Wall Street! Dort stiegen Wert und Preise der Aktien in schwindelnde Höhen. Der Wirtschaftsboom hatte Hunderttausende von Amerikanern in Börsenspekulanten verwandelt, die ihre Ersparnisse begeistert in Aktien investierten und folglich auch riskierten.

Die New York Stock Exchange (NYSE) ist die weltweit führende Wertpapierbörse. Sie wurde 1817 von einer Gruppe von Maklern gegründet, um die Aktien zu kontrollieren, die vorher auf der Straße gehandelt wurden.

Der Schwarze Donnerstag

Im Frühjahr 1929 liehen die Banken vielen Kleinaktonären große Geldsummen ohne Sicherheiten. Die Spekulationsblase blähte sich immer mehr auf. Doch die Gehälter hielten nicht Schritt, und so ging die Nachfrage stetig weiter zurück. Die Lagerhallen waren mit Waren gefüllt, die nicht verkauft werden konnten, und viele Fabriken mussten zahlreiche Beschäftigte entlassen.

Doch die Börse lief voller Optimismus weiter, als ob nichts geschehen wäre. So lange, bis am 24. Oktober 1929 der berühmte Schwarze Donnerstag mit dem Zusammenbruch des New Yorker Aktienmarkts jedwede Zuversicht abrupt zerplatzen ließ. Mindestens 13 Mio. Wertpapiere wurden auf einen Schlag zum Verkauf angeboten, obwohl es keine Käufer dafür gab. Dadurch fielen die Aktienkurse noch deutlicher, was die Situation verschlimmerte.

In den folgenden Tagen spitzte sich die Lage weiter zu. Die Kurse fielen unaufhörlich. Die US-Führung hielt alles für eine vorübergehende Krise und bestand darauf, das Ganze herunterzuspielen. So wurde nichts unternommen, um das Finanzsystem zu stützen, und auch dem Problem der Arbeitslosigkeit stellte man sich erst, als es zu spät war. Die Verschuldung der Leute nahm überhand, Kredite konnten nicht zurückgezahlt werden und Banken verloren ihre Zahlungsfähigkeit. Dem Crash am 24. folgte eine Zeit des wirtschaftlichen Abschwungs, der auch einen Rückgang des Welthandels nach sich zog. Die Staatsgrenzen waren bald überschritten und die als Weltwirtschaftskrise bekannte Depression erreichte auch viele Länder in Europa.

Eine Schlange hungriger Bürger unter einem Plakat mit der Lobeshymne auf den *American Way of Life*.

Der New Deal

In den 1930er-Jahren versuchten die von der Weltwirtschaftskrise betroffenen Länder mit allen Mitteln, aus ihrer katastrophalen Situation herauszukommen. Der britische Ökonom John Maynard Keynes (1883–1946) entwickelte ein Theoriegebäude, bekannt als Keynesianismus. Ihm zufolge entstand die Krise von 1929 durch einen Einbruch der Nachfrage und um diese wieder zu stimulieren, hätte der Staat eingreifen müssen. Die Neujustierung von Angebot und Nachfrage sollte durch einen Anstieg der Nachfrage und nicht wie nach klassischer Auffassung durch eine Verminderung des Überangebots erfolgen. Um dies zu erreichen, muss der Staat Geldanlagen und Arbeitsplätze mit eigenen Mitteln fördern, selbst wenn sich dadurch das Haushaltsdefizit vergrößern sollte. Dazu gehören auch Direktinvestitionen in staatliche Bauprojekte und in Sektoren mit großer Wirkung auf Angebot und Nachfrage. Man muss den Konsum ankurbeln, indem man die Kaufkraft der Bevölkerung erhöht und die Einkommen der Ärmsten schützt. Diese revolutionären Ideen wurden bald vom neuen US-Präsidenten Franklin Delano Roosevelt (1882–1945) umgesetzt. Unter dem Namen New Deal hat seine Rettungspolitik die verlorene Zeit wiedergutgemacht und es geschafft, die Wirtschaftsordnung durch regulierendes Eingreifen seitens des Staats wiederherzustellen.

Die Große Depression begann 1929 in den USA und brachte viele Szenen des Hungers und der Verzweiflung mit sich. Das Bild zeigt Florence Owen Thompson auf dem berühmten Foto *Migrant Mother* von Dorothea Lange.

Kein wirklich cleverer Manager

FEHLER: Die Möglichkeit ausschlagen, die Beatles unter Vertrag zu nehmen, als sie noch unbekannt waren.

Wer?
Dick Rowe (1921–1986), A&R-Manager von Decca Records.

Wann?
1. Januar 1962.

Folgen
Einer der besten Multimillionen-Dollar-Verträge in der Geschichte der Musik geht Decca durch die Lappen.
Allein im Jahr 2009 wurden 2,25 Mio. Exemplare ihrer Alben (remastered) verkauft. 2010 wird das Manuskript des Beatles-Songs *A Day in the Life* für 1,25 Mio. Dollar versteigert.

„Wir glauben, Gitarrenbands kommen aus der Mode."

Dick Rowe, Decca Recording Company

Die Beatles waren das einträglichste Geschäft, das man je mit einer Band in der Musikbranche machen konnte. Das ist bis heute so geblieben. Und Dick Rowe, der nach einer Stunde Zuhören dieses Geschäft ausschlug, wäre bis heute nur der Mann, der die Beatles ablehnte, wenn er nicht ein Jahr später die Rolling Stones unter Vertrag genommen hätte, was sicher auch nicht schlecht war.

Am 6. Juli 1957 besuchte ein blutjunger Paul McCartney mit seinem Freund Ivan Vaughn das Konzert einer Gruppe namens *The Quarrymen*, die aus einigen Klassenkameraden ihres Bandleaders und Gründers John Lennon bestand. Vaughn kannte Lennon und stellte ihm nach dem Konzert seinen Freund Paul McCartney vor, der gerade Anschluss an eine Band suchte. Lennon war beeindruckt, als McCartney textsicher eine Version des Eddie-Cochran-Stücks *Twenty Flight Rock* zum Besten gab, und von da an gehörte Paul zur Gruppe. Ein halbes Jahr später stieß George Harrison dazu und noch etwas später Stuart Sutcliffe als Bassist, während die Schlagzeuger der Band kamen und gingen.

Auch die Namen der Band wechselten mehrfach, und aus *Johnny and the Moondogs*, der Sutcliffe noch beigetreten war, wurde *The Silver Beetles* in Anlehnung an die Buddy-Holly-Band The Crickets *(Die Grillen)*. Schließlich entschied sich die Band einfach für *The Beatles* (Die Käfer), geschrieben mit „a" – ein Wortspiel aus Beat und Beetle. Im August 1960 gab die Gruppe mit Pete Best, der erst seit Kurzem als Schlagzeuger dabei war, ihr erstes Konzert als *The Beatles* im Hamburger Rotlichtviertel, und spielte von da an täglich im Indra, einem Stripclub

Brian Epstein war ab dem 10. Dezember 1961 der Manager der Beatles. Brian verpasste ihnen das Image disziplinierter, gut gekleideter und ordentlicher Jungs und sorgte dafür, dass sie sich jeweils am Ende ihres Auftritts synchron verbeugten.

an der berüchtigten Großen Freiheit, sowie später im Hamburger Kaiserkeller und anderen Clubs. Zurück in Liverpool feierten sie ihr Debüt im legendären Cavern Club in der Mathew Street, der durch ihre fast 300 Auftritte zwischen 1961 und 1963 Kultstatus genießt. Dort wurden sie auch von ihrem späteren Produzenten Brian Epstein entdeckt. Jahre später sagte Epstein über diese erste Begegnung im Club:

> „Ich war sofort begeistert von dieser charismatischen Band – von ihrer Musik, ihrem Rhythmus und ihrem Humor auf der Bühne ...“.

Die Decca sagt nein

Mit seinem großen Engagement und einem feinen Gespür für den Markt war Epstein in den Anfangsjahren die treibende Kraft hinter dem Erfolg der Band. Doch der Start war nicht einfach. Die Plattenfirmen wagten es nicht, auf die lässigen Jungs zu setzen, und vor allem die großen Labels kehrten ihnen den Rücken zu und nahmen lieber andere Bands unter Vertrag. So war es auch bei Decca Records am Neujahrstag 1962, wo sich die Band, noch bevor sie weltweit bekannt wurde, zur berühmten „Decca Audition“ einfand, die mit einer der denkwürdigsten Fehlentscheidungen in der Musikgeschichte enden sollte. Die Audition, also die Probeaufnahmen, mit denen sich die Beatles um einen Plattenvertrag bewarben, fand am 1. Januar 1962 in den Decca Studios in West Hampstead, Nord-London, statt. Es wurden insgesamt 15 Songs in knapp einer Stunde aufgenommen und die Sache sah ganz gut aus. Aber nach ein paar Wochen erteilte Dick Rowe, Leiter der Abteilung A&R bei Decca, den Beatles eine Absage und verweigerte ihnen einen Plattenvertrag mit der inzwischen legendären Begründung: „Wir glauben, Gitarrenbands kommen aus der Mode ...“.

1939 war Decca Records die einzige Plattenfirma in Großbritannien. Sie hatte ihre große Zeit in den 1960er-Jahren, aber als die Rolling Stones 1970 das Label wechselten, begann ihr Niedergang.

Decca, der Name geht auf das 1914 patentierte tragbare Grammophon DECCA Dulcephone zurück, hat bei dieser Entscheidung zwar versagt, aber in der Folge eine richtige getroffen. Derselbe Dick Rowe nahm bald darauf andere junge Briten unter Vertrag, Ihre Satanischen Majestäten *The Rolling Stones*, die bis heute mit den Beatles darum kämpfen, wer auf dem Thron für die beste Rockband der Geschichte sitzen darf. Interessant ist, dass ausgerechnet ein Beatle der Tippgeber war. Bei einem Talentwettbewerb saß George Harrison zusammen mit Dick Rowe in der Jury, machte ihn auf die Rolling Stones aufmerksam und schlug ihm vor, er könne doch „diese Jungs" bei Decca unter Vertrag nehmen.

Ganz am Anfang wurden die Beatles von allen namhaften Plattenfirmen in England abgewiesen.

Nach der Decca haben noch andere wie Columbia, Pye, Philips und Oriole die jungen Liverpooler abgelehnt. Schließlich zog Brian Epstein 1962 einen Vertrag mit dem EMI-Tochterlabel Parlophone an Land. Unterzeichnet von Lennon, McCartney, Harrison und Starr sowie den Eltern von McCartney und Harrison (beide waren unter 21), führte der Vertrag zu ihrer ersten Single *Love Me Do*, die es bis auf Rang 17 der britischen Charts schaffte. Der Rest ist Geschichte.

Das ist doch keine Coca-Cola

FEHLER: Den Geschmack der klassischen Coke ändern und ein neues Produkt (New Coke) auf den Markt bringen, um Pepsi auszustechen.

Wer?
Roberto C. Goizueta, damals amtierender Vorstandsvorsitzender der Coca-Cola Company.

Wann?
23. April 1985.

Folgen
Das neue Getränk war ein völliger Flop. Die Verbraucher lehnten es ab und das Unternehmen bekam über 400 000 Protestbriefe. Es gab sogar eine Vereinigung der *Old Cola Drinkers of America*. New Coke musste gleich nach der Einführung wieder vom Markt genommen und die Coke nach der alten Rezeptur wieder eingeführt werden. Interessant ist, dass das Getränk mit dem bewährten Geschmack nicht nur die Verluste wieder gutmachen, sondern seinem Rivalen sogar entscheidende Marktanteile abnehmen konnte.

„Einige Kritiker werden sagen, dass Coca-Cola einen Marketing-Fehler gemacht hat. Einige Zyniker werden sagen, dass wir dies von vornherein so geplant haben. Die Wahrheit ist, dass wir weder so dumm noch so klug sind."

Donald R. Keough,
Vorstand von The Coca-Cola Company

1953 tauchten die ersten Dosen mit Erfrischungsgetränken auf und bereits 1955 schickte Coca-Cola die ersten Kisten an seine Militärs im Osten. Bis 1959 wurden die Dosen aber nicht systematisch vermarktet.

1984 war Coca-Cola schon drauf und dran, sein hundertjähriges Jubiläum vorzubereiten, aber der Moment war denkbar ungünstig. Die Firma steckte mitten in einer Krise und verlor immer mehr Marktanteile an den Hauptkonkurrenten Pepsi. Und das, obwohl sie stets einen meilenweiten Vorsprung hatte, denn auf zwei Flaschen Coke kam eine Pepsi. Doch diese Zeiten waren vorbei, seit Pepsi zur Aufholjagd blies und sein Getränk in zwei brillanten Kampagnen mit einem besonderen Lebensgefühl verknüpfte. *Pepsi Generation* hieß der Slogan Nummer eins, der aller Welt suggerierte, dass Pepsi für junge Leute und anders als Coca-Cola ist, das auch die Eltern trinken. Damit kam das Produkt bei der Jugend und allen an, die sich jung fühlten und Neues ausprobieren wollten. Eins zu null. Die Kampagne der folgenden Saison stand unter dem Motto *Take the Pepsi Challenge* (Mach den Pepsi-Test). Dazu gab es einen Blindtest, bei dem Konsumenten mit verbundenen Augen zu einem Geschmacksvergleich zwischen Coca-Cola und Pepsi aufgefordert wurden. Alle mochten Pepsi lieber. Zwei zu null.

Die schlechteste Entscheidung in der Geschichte der Werbung

So simpel das Ganze auch war, es führte schließlich dazu, dass Pepsi Monat für Monat den Abstand zu seiner Riva-

Das Coca-Cola-Emblem mit der klassischen Glasflasche. Letztere gab es je nach Land und probeweise immer mal wieder in verschiedenen Größen und Formen, allerdings stets angelehnt an das Ur-Vorbild mit den typischen weiblichen Rundungen.

lin verkürzen konnte. Die Cola-Company steckte in der Klemme und ihr Management wollte nicht untätig bleiben. Es half ja nicht, dass sie viel mehr Verkaufsstellen, mehr Automaten und Verträge mit fast jeder Fastfood-Kette hatte, Pepsi war ihr doch nur aus einem Grund so dicht auf den Fersen: weil es einfach besser schmeckte. Und dann traf Roberto Goizueta die zweifellos schlechteste Entscheidung in der Geschichte des Marketings: den Geschmack von Coca-Cola zu ändern. Das war kühn. Niemand hatte es bis jetzt gewagt, die 100 Jahre alte Rezeptur des bekanntesten Softdrinks anzutasten. Dann, nach einigen Monaten war es so weit. Coca-Cola nach der alten Rezeptur wurde nicht mehr produziert und vom Markt genommen, dafür die New Coke mit großem Tamtam beworben und eingeführt.

Das war der schlimmste Fehler in der Geschichte des Unternehmens. Die Konsumenten reagierten einhellig empört auf die Änderung des Geschmacks, fühlten sich von der Firma betrogen und um ihr Kultgetränk gebracht.

Kurz danach brachen die Verkäufe völlig ein und der Konzern musste die Wiedereinführung der alten Rezeptur als Coca-Cola Classic bekannt geben. New Coke verschwand vom Markt und der Klassiker hat es nicht nur geschafft, den zuvor verlorenen Boden wieder wettzumachen, sondern auch den Vorsprung vor Pepsi zurückzuerobern. In diesem Jahr gelang Coca-Cola ein Umsatzrekord, der Roberto Goizueta ein zusätzliches Millionengehalt bescherte, obwohl das Fiasko eigentlich auf seine Kappe ging. Goizueta, ein kubanischer Einwanderer, hatte bereits in seiner Heimat für Coca-Cola gearbeitet und sich in den USA bis an die Spitze des Konzerns hochgekämpft, dem er seit 1979 als Präsident vorstand. Er beging einen fatalen Fehler, der schließlich zum Erfolg wurde, und machte ihn wieder gut, indem er Coca-Cola Light erfand.

So peinlich sein kann Marketing

Multinationale Unternehmen müssen bei der Namenswahl für ihre Produkte oder bei Werbekampagnen besonders vorsichtig sein, denn oftmals bedeuten sie in der Sprache des Vertriebslandes etwas völlig anderes, als die Werbung möchte, verwirren oder können falsch interpretiert werden. Nicht sind selten sind das dann kostspielige Fehler.

Zum Beispiel musste Mitsubishi seinen Geländewagen Pajero, der im Spanischen als „Wichser" aufgefasst wird, für alle spanischsprachigen Länder in Montero umbenennen. Ebenso erging es Ford mit seinem Pinto in Brasilien, der vulgär-portugiesisch als „kleiner Pimmel" verstanden wird und durch das Modell Corcel ersetzt werden musste.

Andere kuriose Namen für Automodelle sind der Moco von Nissan, zu Deutsch „Rotz" (auf dem Bild rechts), und der Laputa von Mazda, der als „Hure" nicht unbedingt zum Autokauf lockt.

Auch der schwedische Konzern, der seine Staubsauger in den USA mit dem Slogan *Nothing sucks like an Electrolux* bewarb, ahnte nicht, was *suck* außer saugen noch bedeuten kann: „Nichts kotzt so an wie ein Elektrolux".

Eine andere Art Fehler hat Pepsi mit einer Werbeanzeige in Indien gemacht, auf der man ein Kind sieht, das einer Gruppe von Spielern Pepsi serviert, was man unter dem Aspekt der dort vorherrschenden Kinderarbeit für mehr als unsensibel halten muss.

Faule Kredite

FEHLER: Eine (vorsätzlich?) falsche Risikobewertung bestimmter Finanzprodukte, der sogenannten Ramschkredite, gepaart mit der Blauäugigkeit der Kleinanleger und der beispiellosen Liquidität in den Jahren 2001 bis 2007.

Gebäude der US-Notenbank, Sitz der *Federal Reserve* im Eccles Building. Es heißt, von hier aus werde das Weltgeschehen bestimmt – im Zusammenspiel mit den größten Konzernen des Planeten.

Alles begann 2003, als die *Federal Reserve* den Leitzins auf 1% senkte. Dank der schier unbegrenzten Liquidität begünstigte dieser Schritt die Entstehung einer Spekulationsblase in Verbindung mit Immobilienanlagen. Wohnobjekte verkauften sich fortan wie warme Semmeln – bis zum Kurswechsel 2004. Um die Inflation im Zaum zu halten, wurde im besagten Jahr der Leitzins auf 5,25% angehoben. Damit war die Party beendet ... und der Kater da. Viele Immobilienbesitzer hatten auf einmal Probleme, ihre Kredite weiter zu bedienen. Anfang 2007 dann, als sich massive Zahlungsausfälle im sogenannten Subprime-Markt häuften, wurde die Lage sehr ernst. Dieses hochriskante Kreditgeschäft richtet sich an Kunden im unteren Einkommensbereich, die trotzdem eine Immobilie erwerben wollen. Dem Risiko entsprechend waren diese Hypotheken mit einem hohen Zinssatz und üppigen Provisionen ausgestattet. Da es sich um ein Sonderprodukt handelte, war sein Volumen für die US-amerikanischen Banken durch die Federal Reserve streng begrenzt.

Trotzdem machte die Zahl dieser Kredite 2007 noch etwa 12,7% des gesamten Kreditvolumens aus. Nach einem Bericht des Internationalen Währungsfonds waren im Januar 2007 4,2 Billionen Euro in den USA an solche Risiko-Kredite angebunden, 624 Milliarden davon im Besitz von nichtamerikanischen Anlegern.

Die Schuldenlast wuchs langsam bei allen Instituten. Sie konnte aber locker aus der Bilanz gestrichen werden, indem man sie in wirren Finanzprodukten gebündelt munter an Banken oder Anleger weiterverkaufte. Auf diese Art und Weise wuchs das Risiko, aber auch der Profit auf allen Seiten. Und deshalb hat keiner die Stimme erhoben.

Dem Internationalen Währungsfonds wird vorgeworfen, die Armut in den Krisenländern durch eine Art Schock-Therapie zu verschlimmern, die auf eiserner Sparpolitik und der Lockerung des Kündigungsschutzes basiert.

Der erste laute Weckruf

Mit der Anhebung des Leitzinses begannen auch die Tilgungsraten der Ramschkredite auf einmal zu steigen. Viele Kunden hörten sofort auf, ihre Kredite zu bedienen. Trotz dieser Zahlungsausfälle und der damit verbundenen Pfändungen schien die Situation noch unter Kontrolle zu sein. Im März 2007 kam jedoch der erste Knall: New Century Financial, die zweitgrößte Hypothekengesellschaft der USA, meldete Finanzierungsengpässe sowie die Einstellung des Kreditgeschäfts. Sie sollte nicht das einzige Opfer sein: Die Accredited Home Lenders Holding, ein unabhängiger Darlehensgeber für Risikoprodukte, gab kurz danach ernste Liquiditätsprobleme bekannt. Im Juli 2007 stiegen die Verluste durch Subprime-Kredite nach Schätzungen der Federal Reserve auf 50 bis 100 Milliarden US-Dollar.

Krise im Finanzsystem

Es begann der August und jetzt drang die Krise endgültig bis in das Herz der Finanzindustrie ein. Gleich am Zweiten dieses Monats ging die Firma Blackstone Pleite. Die American Home Mortgage (immerhin zehntgrößte Hypothekenbank der USA) meldete am 4. August die Entlassung ihrer gesamten Belegschaft, zwei Tage später folgte die Insolvenz.

Zu diesem Zeitpunkt hatte die Krise längst den Atlantik überquert. In Deutschland musste die IKB mit öffentlichen Mitteln vor der Pleite gerettet werden. Eine Mischung aus Misstrauen und Anlagepanik verbreitete sich wie ein Lauffeuer. Die schlechte Stimmung hatte einen rapiden, weltweiten Absturz der Börsen zur Folge, hauptsächlich wegen Liquiditätsproblemen.

Um Schlimmeres zu vermeiden, mussten die Europäische Zentralbank (EZB) und die Federal Reserve der USA (FED) außergewöhnliche Maßnahmen ergreifen: Die EZB brachte fast 95 Milliarden Euro in Umlauf, um die Lage zu beruhigen, die Federal Reserve begnügte sich mit 24 Milliarden Dollar (ca. 22 Milliarden Euro), doch es war alles zu spät, denn die Krise hatte bereits eine globale Dimension erreicht. In Europa mussten wichtige Banken einräumen, mit Ramschkrediten „vergiftet" zu sein. Monatelang brachen die Aktienindizes überall auf der Welt ein, die Finanzbranche

Die Europäische Zentralbank hat Milliarden Euro für die Bankenrettung ausgegeben – Grund für die Misere vieler europäischer Banken war der massive Ankauf toxischer Finanzprodukte.

sendete eindeutige Zeichen eines massiven Verfalls. Bedeutende Kreditgesellschaften fielen eine nach der anderen wie Dominosteine um.

Der Sturz von Lehman Brothers

2008 lief es nicht viel besser. Statt sich abzuschwächen, waren die Auswirkungen der Finanzkrise vor allem wegen der hohen Arbeitslosigkeit in der Realwirtschaft angekommen. Im April errechnete der Internationale Währungsfonds, dass die Krise Verluste in Höhe von 945 Milliarden Dollar verursacht hatte. Im Juli gab es zwei aufsehenerregende Rettungsaktionen: Fannie Mae (Federal National Mortgage Association) und Freddie Mac (Federal Home Loan Mortgage Corporation) bekamen eine Geldspritze von insgesamt ca. 200 Milliarden Dollar. Dies war die teuerste Verstaatlichung der Geschichte. Im September desselben Jahres ging Lehman Brothers, die viertgrößte Investmentbank der USA, in Konkurs.

Kurz nach seinem Einzug ins Weiße Haus wurde US-Präsident Obama mit der Krise der Subprime-Kredite konfrontiert, für die Amerika verantwortlich war. Da die US-Wirtschaft ein konstantes Wachstum benötigt, finden hier, im Gegensatz zu Europa, Sparmaßnahmen seltener Anwendung.

Es dauert noch

Seit dem Ausbruch der Krise war bereits ein ganzes Jahr vergangen und immer noch wagte es niemand, ihr Ende vorauszusagen. Im November betrat der neue US-Präsident, der Demokrat Barack Obama, die Bühne. Inzwischen hatte die Wall Street einen Wertverlust von 10 % verzeichnet. Auf der anderen Seite des Großen Teichs ging es den Entwicklungsländern nicht viel besser. Im Februar 2009 teilte die Weltbank mit, dass 100 Mio. Menschen wegen des wirtschaftlichen Absturzes unterhalb der Armutsgrenze lebten. Währenddessen versuchte die US-Regierung munter weiter, die Wirtschaft im eigenen Land mit öffentlichen Geldspritzen zu beleben. Die Gelddruckmaschinen liefen auf Hochtouren, um die Schulden der wichtigsten Banken zu tilgen. In Europa war das Bild sehr ähnlich: Die EZB musste einigen der größten Banken in der Eurozone unter die Arme greifen. Gleichzeitig verordnete sie einen strengen Sparkurs und einen Stopp der Investitionen, was den Markt zusätzlich schwächte.

Finanztechnische Fehler in Spanien

Man muss die Schuldigen noch ermitteln: Es kann die Politik gewesen sein, das Finanzsystem als Ganzes oder aber die Raffgier mancher Banken, die in den USA verbriefte Pakete gekauft hatten, die sie weder jemals zu Geld machen noch loswerden konnten. In Spanien hatte man indes hausgemachte Probleme, nämlich den Bau Abertausender von Immobilien – weit mehr als die tatsächliche Nachfrage verlangte –, angetrieben vom stetigen Wertzuwachs und von der phänomenalen Gewinnmarge. Es war klar, dass die Blase platzen würde. Wäre sie nicht in den USA geplatzt, was vielen Banken den Garaus machte, dann wäre die spanische Blase sicher weiter gewachsen. Der ständige Zuzug von Migranten und von Rentnern auf der Suche nach dem Paradies auf Erden war eine nicht enden wollende Verheißung. Wer hätte diesen Trend stoppen wollen? Sicher nicht die Nutznießer, die fette Gewinne eingefahren hatten. Auch nicht die Verlierer, also die Finanzinstitutionen, die in den Augen vieler die falschen Entscheidungen getroffen haben.

Jetzt kommt also die Kehrtwende: von denjenigen geleitet, die einen strikten Sparkurs predigen und einen noch tieferen Fall erwarten, damit Spanien aus den Ruinen auferstehen kann. Es wäre nicht das erste Mal in dieser sich immer schneller drehenden, enger werdenden Spirale, in der sich alle Fehler in immer kürzeren Intervallen wiederholen, in einer Welt knapper Ressourcen, in der alle nur reicher werden wollen und alles andere ganz einfach vergessen.

TECHNIK

Nicht wirklich geniale Ingenieure ...

FEHLER: Schier alles, was man nur falsch machen kann...

Wann?
Zu jeder Zeit und immerzu seit der Industriellen Revolution.

Wer?
Ingenieure, Geologen, Architekten, Wirtschaftswissenschaftler und Politiker, kurz gesagt, jeder, der die Macht hat, Entscheidungen zu treffen, und dabei Fehler machen kann.

Folgen
Verlust von Menschenleben, Häusern, Nahrungsmitteln, Infrastruktur, Grund und Boden, schließlich von allem, was auf dem Spiel steht, wenn nicht nach den Vorschriften oder an der falschen Stelle oder unter Missachtung der Naturgesetze gebaut wird.

Technik wird oft als die Gesamtheit der wissenschaftlichen Kenntnisse und der Verfahren definiert, mit denen der Mensch sich die Umwelt nutzbar macht. Die Arbeit der Ingenieure erleichtert uns das Leben ... manchmal. Aber bestimmt nicht immer, wie uns die Geschichte zeigt:

Ein 10 m hohes Teilstück der Staumauer wurde fast 1 km von der St.-Francis-Talsperre entfernt gefunden. Der Damm war auf unsicherem Felsgestein errichtet, zu hoch und zu schlecht konzipiert. Als 1925 zu guter Letzt die Staumauer sogar noch um 3 m erhöht und damit die Staubeckengröße auf 39 Mio. m³ Wasser erweitert wurde, war der Druck auf die Mauer viel zu hoch.

- Wenn man einen Damm bauen will, der Millionen Liter Wasser halten muss, sollte man sich zuvor davon überzeugen, dass die Geologie des Gebiets ein solches Bauwerk auch zulässt. Am 12. März 1928 brach die Staumauer der **St.-Francis-Talsperre** (64 km von Los Angeles entfernt), weil der verantwortliche Ingenieur William Mulholland nicht wusste, dass der Fels im San Francisquito Canyon, direkt über der Erdbebenverwerfung, ein völlig ungeeigneter Untergrund war. Durch die Flutwelle kamen 450 Menschen ums Leben. Gleich nach der Katastrophe stellte eine Expertenkommission fest, dass weder die Statik noch die Ausführung des Baus für den Dammbruch verantwortlich war, denn „die Staumauer war infolge der minderwertigen Beschaffenheit des Felsfundaments sowie infolge der Tatsache, dass der Entwurf der Mauer diese nicht berücksichtigt hatte" zusammengebrochen.

- Am 17. Juli 1981 stürzten während einer Tanzveranstaltung im neuen **Hotel Hyatt Regency** in Kansas City (USA) zwei frei übereinander hängende Verbindungsgänge ein und rissen 114 Menschen mit in den Tod. Der Fehler? Man hatte an der Aufhängung der sog. Skywalks gespart und diese – anders als im Plan vorgesehen – nicht genug verstärkt.

- Welches Schiff sank nach der kürzesten Fahrt? Es ist die **Vasa**, ein Schlachtschiff, das der schwedische König Gustav II. Adolf im 17. Jh. bauen ließ. Die Vasa lief am 10. August 1628 vom Stockholmer Hafen zum ersten Mal aus. Doch nach wenigen Metern war die Jungfernfahrt bereits zu Ende, weil das Schiff aufgrund eines Windstoßes und des Seegangs sank. Es war für seine geringe Breite viel zu hoch und durch diese Topplastigkeit instabil. Bei der ersten starken Windbö geriet es ins Krängen und kenterte. Die durch die niedrig liegenden Kanonenöffnungen eindringenden Wassermassen brachten es sofort zum Sinken.

Gustav II. Adolf von Schweden auf einem Gemälde von Matthäus Merian aus dem Jahr 1632. Der König ordnete den Bau des Schiffs Vasa an, das auf seiner Jungfernfahrt sank.

- Historisch gesehen war der Luftschiffbau am fehlerträchtigsten. Zwei Katastrophen (in sieben Jahren) führten dazu, dass der Bau von Verkehrsluftschiffen weltweit völlig eingestellt wurde. Die erste ereignete sich mit dem hastig gebauten britischen Modell **R-101**, bei dessen Absturz in Frankreich 48 der 54 Passagiere starben. Die zweite war das berühmte Unglück der **Hindenburg**, bei dem 36 Menschen an Bord ums Leben kamen, als der Zeppelin 1937 kurz vor der Landung in Lakehurst in Flammen aufging.

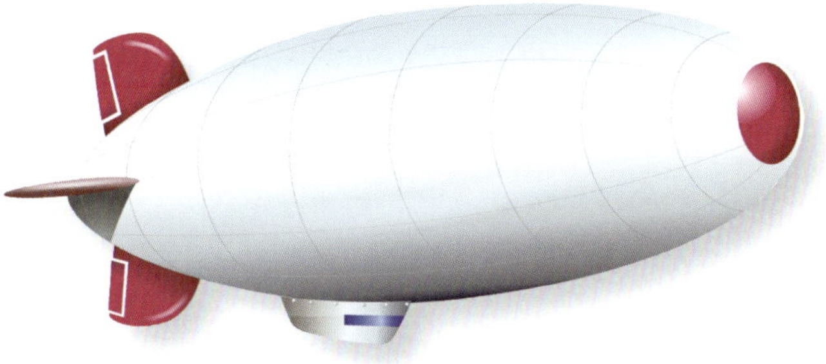

Die Ära der Zeppeline und damit auch das Reisen in den „Luxushotels der Lüfte" endete mit der Hindenburg.

- Das **Citigroup Center** ist einer der höchsten Wolkenkratzer in New York. Es steht als Gebäude Nummer 601 in der Lexington Avenue und ist mit seinem schrägen Pultdach ein richtiger Blickfang. Doch vor Baubeginn musste in der Planung eine Auflage der Baugrundbesitzer – eine Kirchengemeinde – berücksichtigt werden. Sie verlangte, dass auf einer Ecke des Grundstücks als Ersatz für die alte Kirche eine neue,

Das Citigroup Center überragt mit seinem schrägen Dach die anderen Wolkenkratzer der New Yorker Skyline. Der 59 Stockwerke und 279 m hohe Betongigant wurde auf vier 35 m hohe Stützen gesetzt. Aber mit dieser gewagten Konstruktion war seine Standsicherheit gefährdet.

Der Wolkenkratzer war eine Gefahr für die umliegenden Gebäude, denn die damaligen Architekten stellten fest, dass er bei einem Hurrikan einstürzen und dadurch eine fatale Kettenreaktion auslösen konnte. Das tragende Stahlskelett musste verstärkt werden.

die St. Peter's Lutheran Church, freistehend errichtet wird. Kurzum, es durften keine Stützen des Hochhauses durch das neue Kirchengebäude verlaufen …

Eine knifflige Aufgabe, aber letztlich kam der Statiker William LeMessurier auf die Idee, den Wolkenkratzer auf vier 35 m hohe Stützen zu stellen, die nicht in den Ecken, sondern in der Mitte der vier Gebäudeseiten angebracht wurden. Auf diese Weise konnte das Hochhaus quasi über der Kirche „schweben".

Doch nicht lange nach Inbetriebnahme des Wolkenkratzers bemerkte derselbe Ingenieur schwere Fehler in seiner Berechnung der Konstruktion. Genauer gesagt: Er fand heraus, dass dessen Standsicherheit gefährdet sein könnte, wenn starker Wind schräg auf das Gebäude trifft. LeMessurier passte seine Berechnungen schnellstens an und war bemüht, die Katastrophe abzuwenden. Immerhin konnte er sich mit dem Gebäudeeigentümer (einer Bank der Citigroup) über die zu ergreifenden Maßnahmen ohne langwierige Gerichtsverhandlung auf gütlichem Wege einigen.

Drei Monate lang waren Schweißertrupps damit beschäftigt, sämtliche Stützen und Verbindungsnähte mit 6 cm dicken Stahlplatten zu verstärken. Um die ganze Angelegenheit möglichst geheim zu halten, wurden die Arbeiten nachts ausgeführt. Der Fehler wurde fast 20 Jahre lang vor der Öffentlichkeit vertuscht, bis 1995 in *The New Yorker* ein Artikel darüber erschien.

- Die erste Raumstation, die von den USA in den Weltraum geschossen wurde, hatte einen schlechten Start. Am 14. Mai 1973 hob **Skylab 1** zwar wie geplant ab, doch schon nach wenigen Sekunden war

klar, dass sie irreversible Schäden hatte. Offenbar führten falsche Berechnungen der Aerodynamik durch Ingenieure der Konstruktionsabteilungen dazu, dass sich eine Verkleidung löste, wodurch eines der Solarmodule sowie der Meteoriten- und der Hitzeschild abgerissen wurden. Aufgrund der fehlenden Abschirmung konnten die verbliebenen Solarmodule nicht richtig zum Einsatz gebracht werden, sodass nur die halbe elektrische Leistung zur Verfügung stand und zudem die Temperatur in der Station stark anstieg.

Skylab war die erste amerikanische Raumstation. Sie wurde 1973 mit so vielen Fehlern gestartet, dass sie bloß sechs Jahre lang betrieben werden konnte und die meisten Fahrten zur Station nur Reparaturzwecken dienten. Beim Absturz 1979 gingen ihre Trümmer in Australien nieder, worauf die dortigen Behörden der NASA einen Bußgeldbescheid wegen unerlaubter Müllentsorgung auf ihrem Staatsgebiet schickten.

Sie geht ja doch unter!

FEHLER: Fast alle, die man machen kann…

Wann?
15. April 1912.

Wer?
Konstrukteure und Crew des als *Royal Mail Ship* (RMS) fahrenden Passagierdampfers Titanic, der sich im Besitz der britischen Reederei White Star Line befand.

Folgen
Insgesamt verloren 1522 Menschen ihr Leben. Ursachen und Ausmaß der Schiffskatastrophe führten zum *Internationalen Übereinkommen zum Schutz des menschlichen Lebens auf See* (SOLAS), in dem die erforderliche Anzahl der Rettungsboote, die übrige Ausrüstung an Bord und viele weitere Sicherheitsbestimmungen wie die durchgängige Besetzung der Funkstationen festgelegt wurden.

Der Liner RMS Titanic wurde 1911 in der Werft von Harland & Wolff gebaut. Er gehörte zu einem Trio von Dampfern der Olympic-Klasse, die mit ihrer Größe und luxuriösen Ausstattung weltweit neue Maßstäbe setzen sollten.

„Nur Gott kann dieses Schiff versenken."

Kapitän Edward John Smith (1850–1912)

Im späten 19. Jh. wetteiferten zwei Reedereien um das lukrative Geschäft der Passagierbeförderung zwischen Europa und Amerika. Cunard Line hatte mit der Lusitania und der Mauretania zwei Schiffe, die mit ihrer Geschwindigkeit und ihrem Luxus alle anderen in den Schatten stellten. Die besten Voraussetzungen, um den aufkommenden Trend der Überseereisen vom alten auf den neuen Kontinent zu nutzen und sich ein Monopol auf dem Atlantik zu sichern. Doch die Konkurrenz schlief nicht und auch die White Star Line hatte Pläne. Sie wollte drei riesige Schiffe (die Olympic-Klasse) bauen lassen, ausgestattet mit jedem Luxus und modernster Technik, wie vollautomatischen Wasserschutztüren zwischen den wasserdicht abschottbaren Abteilungen. Dieses revolutionäre Schotten-System verschloss ganze Abschnitte des Schiffes, um im Fall einer Kollision das Eindringen von Wasser zu verhindern. Konstrukteure und Reederei hielten das Schiff für unsinkbar. Während des Baus in der Werft von Harland & Wolff in Belfast (Nordirland) gab es

noch viele Änderungen am ersten Entwurf. Aus den geplanten drei Schornsteinen wurden vier, einesteils aus ästhetischen Gründen. Anderenteils wollte man damit die Passagiere glauben machen, dass das Schiff mit noch höherer Geschwindigkeit fahren könnte. Eine weitere Änderung, die wichtigste, betraf die Anzahl der Rettungsboote, die von ursprünglich 48 nach einigen Designwechseln auf 20 verringert wurde. Ein Detail, das viele Menschenleben gekostet hat.

Ein luxuriöses Wunder der Technik

Nach Abschluss der Planungsphase durch Thomas Andrews stand fest, dass die Schiffe rund 270 m Länge, 28 m Breite und einen Tiefgang von bis zu 10 m haben würden. Das erste Schiff, die Olympic, lief 1910 vom Stapel, und nur ein Jahr später hatte die Titanic ihren ersten Auftritt. Publikum, Kritiker und Presse aus der ganzen Welt waren von diesem Wunderwerk der Schiffstechnik begeistert. Das riesige Schiff war an Pracht und Eleganz kaum zu überbieten und ausgestattet mit einem Schwimmbad, einem Gymnastikraum, einem türkischen Bad, einer Bibliothek und vier Aufzügen. Die Suiten waren mit prächtigen Details und sehr teuren Möbelstücken eingerichtet, dazu zählten auch schöne, eingebaute Kamine.

Für ihre Jungfernfahrt verließ die Titanic Southampton, seit 1840 der wichtigste englische Hafen für Luxus-Kreuzer. Von hier waren schon viele der berühmtesten Ozeandampfer der Welt zu ihrer ersten Reise ausgelaufen, so die legendären Queen-Schiffe der Cunard Line.

Die erste (und letzte) Fahrt

Dieser schwimmende Palast stach am 10. April 1912 in See. Unter dem Kommando des erfahrenen Kapitäns Edward John Smith verließ die Titanic den englischen Hafen Southampton, um planmäßig sechs Tage später in New York anzukommen. Insgesamt sollte sie 2224 Personen – Reisende der Ersten, Zweiten und Dritten Klasse sowie die Crew – an Bord befördern. Die erste, 24 Meilen lange Fahrt bis Cherbourg verlief ruhig. Hier wurden weitere Passagiere an Bord genommen, dann ging die Fahrt durch den Kanal und um die Südküste Englands weiter bis Queenstown (Irland). Am 11. April um 13.30 Uhr wurden die Anker der Titanic zum letzten Mal gelichtet und die Reise auf der Nordatlantikroute in Richtung New York begann.

Es war nicht nur Pech, es wurden auch viele Fehler gemacht, die zur Katastrophe geführt haben. Das beste Schottensystem eines nahezu „unsinkbaren" Schiffs nützt eben nichts, wenn man die Gefahr durch Eisberge unterschätzt.

Erste Warnmeldungen

Bei bestem Wetter und einer Geschwindigkeit von etwa 21 Knoten verlief die Fahrt über den Atlantik völlig ruhig. Nichts deutete auf ein Problem hin. Nur die Funker hatten mehrere Funksprüche von anderen Schiffen erhalten, die vor Eisfeldern und Eisbergen im Nordatlantik warnten. Am Morgen des 14. April erreichte eine Warnung der Caronia die Titanic, dass man auf der Route des Luxus-Liners schweres Packeis und eine hohe Zahl großer Eisberge gesichtet hatte. Ähnlich lautende Nachrichten kamen von dem holländischen Schiff Noordam und dem britischen Schiff Baltic mit dem alarmierenden Bericht, dass sich 250 Meilen von der Position der Titanic entfernt „ausgedehnte Treibeisfelder" befanden. Eine weitere Meldung, die vor einem „sehr großen Eisberg" warnte, ging vom deutschen Liniendampfer Amerika aus, doch diese wurde nie an die Offiziere auf der Brücke weitergeleitet.

Margaret „Molly" Brown, eine Überlebende der Katastrophe, überreicht Carpathia-Kapitän Arthur Henry Rostron einen Pokal für seine Verdienste um die Rettung von Titanic-Passagieren.

Die Funker auf der Titanic waren zu sehr mit den Telegrammen der vornehmen Passagiere beschäftigt und konnten deshalb die Warnhinweise auf Eisberge nicht weiterleiten. Diese Auffassung von „Service geht vor" wird angesichts der tragischen Folgen für immer und ewig die Gemüter erhitzen.

Funkkontakt mit der Californian

Trotz wiederholter Warnungen fuhr die Titanic mit unverminderter Geschwindigkeit weiter. Um 19.30 Uhr gingen drei aufeinanderfolgende Funksprüche von der Californian ein, aus denen hervorging, dass dieses Handelsschiff nur 50 Meilen von der Position der Titanic entfernt war. Zu diesem Zeitpunkt war der Luxus-Liner mit ungefähr 21 Knoten (39 km/h) unterwegs. Es wäre klug gewesen, das Tempo zu drosseln, und der Kapitän sprach J. Bruce Ismay, den Direktor der White Star Line, darauf an. Dieser wollte aber unbedingt, dass mit der Jungfernfahrt alle Geschwindigkeitsrekorde gebrochen werden.

Um 21.30 Uhr zog sich der Kapitän zur Nacht zurück. Sein Stellvertreter befahl dem Ausguck aufgrund der Meldungen, den Horizont genau zu beobachten. Es gingen immer wieder Hinweise auf Eisberge ein, aber da die Funker zu sehr mit dem Senden von Passagiernachrichten beschäftigt waren, ignorierten sie einen nach dem anderen.

Kurz vor 23 Uhr war die Californian etwa 15 Meilen nördlich von der Titanic von Eis umgeben zum Stillstand gekommen und funkte entsprechende Warnungen an alle Schiffe in der Umgebung, darunter auch an den Luxus-Liner. Doch als der Ruf den Funker der Titanic erreichte, fühlte der sich gestört und antwortete ärgerlich: „Halten Sie sich heraus! Still! Sie stören mein Signal. Ich stehe mit Cape Race in Verbindung". Der Funker der Californian beschloss dann, sein Gerät auszuschalten und wie immer zu Bett zu gehen – für viele an Bord der Titanic war dies das Todesurteil.

Eisberg in Sicht

Um 23.30 Uhr entdeckten die Ausguckmänner einen leichten Dunst unmittelbar vor der Titanic. Nach nur 10 Minuten Fahrt bei hohem Tempo konnten sie klar einen Eisberg erkennen. Sie alarmierten sofort die Brücke, aber es war zu spät. Instinktiv befahl der Erste Offizier, William M. Murdoch, hart nach Steuerbord zu drehen, volle Kraft rückwärts zu fahren und die Schotten zu schließen. Der Riese begann sich zu drehen, aber ein Teil des Eisbergs traf die Bugseite und riss etwa 60 m der Steuerbordwand unter der Wasserlinie auf, sodass fünf Abteile im vorderen Bereich leckschlugen. Kurioserweise hatte dieses verzweifelte Ausweichmanöver zur Vermeidung eines Frontalaufpralls den Untergang der Titanic besiegelt. Durch das Abdrehen schrammte das Schiff mit der Seite am Eis entlang, und so entstand ein Riss über viele Meter Länge, sodass zu viele Abteile beschädigt und mit Wasser geflutet wurden. Schiffskonstrukteur Thomas Andrews gab nach seiner Inspektion die düstere Prognose ab, dass die Titanic in maximal zwei Stunden untergehen würde.

Nur die sprichwörtliche „Spitze des Eisbergs" ragt sichtbar aus dem Wasser, der weitaus größere Teil liegt unter Wasser und ist folglich mit all seinen scharfen Kanten für den Schiffsführer nicht zu sehen.

Kapitän Smith wusste auch ohne zu rechnen, dass viele Passagiere dem Tod geweiht waren, weil es nicht genügend Rettungsboote gab. In allen zusammen war gerade für 1178 Personen Platz, obwohl 2227 an Bord waren. Mit anderen Worten, 1049 Menschen würden im Atlantik ihr kaltes Grab finden.

Reiche zuerst

Die Evakuierung war chaotisch. Von den vorhandenen 1178 Rettungsbootplätzen wurden nur 711 genutzt. Bevorzugt wurden die Erste und die Zweite Klasse, Frauen und Kinder. Die Hälfte der Passagiere aus der Dritten Klasse ist umgekommen.

Nach der Kollision erhielten die Funker den Befehl, Notrufe an andere Schiffe abzusetzen. Die Californian

THE NEW YORK HERALD.

THE TITANIC SINKS WITH 1,800 ON BOARD; ONLY 675, MOSTLY WOMEN AND CHILDREN, SAVED

MOST APPALLING DISASTER IN MARINE HISTORY OCCURS WHEN WORLD'S LARGEST STEAMSHIP STRIKES GIGANTIC ICEBERG AT NIGHT

Scores of World's Most Widely Known Persons, Including Colonel John Jacob Astor and His Wife, William T. Stead and Isidor Straus Among Those Whose Fate Is in Doubt.

J. Bruce Ismay, Head of the White Star Line; Mr. and Mrs. George D. Widener, the Countess of Rothes and Mrs. Henry B. Harris Are Some of Those Saved.

Die Titelstory des ***New York Herald*** am nächsten Morgen ist wohl eine der traurigsten und wahrscheinlich auch eine der meist verkauften.

war relativ nahe am Ort, hatte aber den Funkverkehr eingestellt und so erreichte sie das Hilfegesuch der Titanic nicht. Doch andere Schiffe bestätigten den Empfang des Notrufs, darunter die Carpathia des Konkurrenten Cunard Line unter dem Kommando von Kapitän Arthur Rostron, die etwa 58 Meilen in südöstlicher Richtung von der Position der Titanic entfernt war.

3800 Meter in die Tiefe

Um 0.15 Uhr war das Schiff schon weit über Bug gesunken und das Vorderdeck völlig vom eiskalten Wasser des Atlantiks (zwischen 4 und 6 °C) bedeckt. Gegen 2 Uhr waren bereits alle Rettungsboote gefiert, aber noch immer 1500 Menschen an Bord. Deck A befand sich vollständig unter Wasser und die übermäßige Steillage des Schiffs zum Bug hin nahm stetig zu. Dies war ein untrügliches Zeichen dafür, dass es auseinanderbrechen würde. Gegen 2.17 Uhr sank der Bug, wodurch das Heck der Titanic fast senkrecht aus dem Wasser stieg. Schließlich zerbrach das Schiff zwischen dem dritten und vierten Kamin. Nach dem ersten Bersten gingen alle Lichter aus und die Titanic stand vollkommen senkrecht. Der Bugabschnitt, der zu diesem Zeitpunkt schon fast unter Wasser lag, sackte weg. Gegen 2.20 Uhr richtete sich das Heckteil steil auf, versank und schlug in einer Tiefe von rund 3800 m auf dem Meeresgrund auf. Gleich nachdem das Heck zu sinken begonnen hatte, riss ein gigantischer Strudel die restlichen Passagiere mit in die Tiefe. 80 Jahre später wurden etliche ungeöffnete Champagnerflaschen auf dem Meeresboden gefunden. Sie waren sogar noch voll.

Opfer und Überlebende

Eine Stunde später wurde von der Carpathia aus die erste Leuchtrakete hochgeschossen, um Überlebende zu finden, und um 4.10 Uhr konnte das erste Rettungsboot geborgen werden. Um 5.30 Uhr traf die Californian ein, nachdem sie vom Dampfer Frankfurt über die Notlage der Titanic informiert worden war. Insgesamt wurden 705 Menschen gerettet und 1522 Menschen starben an Unterkühlung oder ertranken. Unter den Todesopfern war auch Benjamin Guggenheim, einer der reichsten Männer der Welt. Die letzte Überlebende des Unglücks war Millvina Dean, die am 31. Mai 2009 in England starb und zum Zeitpunkt der Katastrophe erst zehn Monate alt war.

Titanic Memorial, zu Ehren der Opfer in Belfast errichtet. Im Jahr 2007 wurde vor dem Denkmal ein 60 m hohes Riesenrad aufgestellt, ein Fehler, der im April 2010 durch das Entfernen des Riesenrads korrigiert wurde.

Übrigens, auch wenn es sich um vergleichsweise unbedeutende Fehler handelt, ging auch beim Drehen von Camerons Film *Titanic* einiges schief. Zum Beispiel befahl der Zweite Offizier, das Schiff nach rechts, also steuerbords, zu lenken, während es sich im Film nach links, also backbords, dreht, obwohl die Stimmen im Hintergrund „Steuerbord!“ rufen. Man sagt, dass weit über 100 Fehler im Film zu finden seien. So war das Bild von Monet, das in der Ersten Klasse zu sehen ist, 1912 noch nicht gemalt; die Freiheitsstatue, die im Film beleuchtet erscheint, wurde erstmals im Jahr 1950 illuminiert; Frisuren und Halsketten wechseln in derselben Szene; man hört ein Echo im Meer, als jemand nach Überlebenden ruft; Leonardo di Caprio sollte im Wasser schweben und nicht untergehen etc. – alles nur dramaturgische Effekte.

Da fehlt doch ein Querstrich …

FEHLER: Einen Querstrich bei der Transkription der mathematischen Formel ins Steuerprogramm der Raumsonde Mariner 1 übersehen.

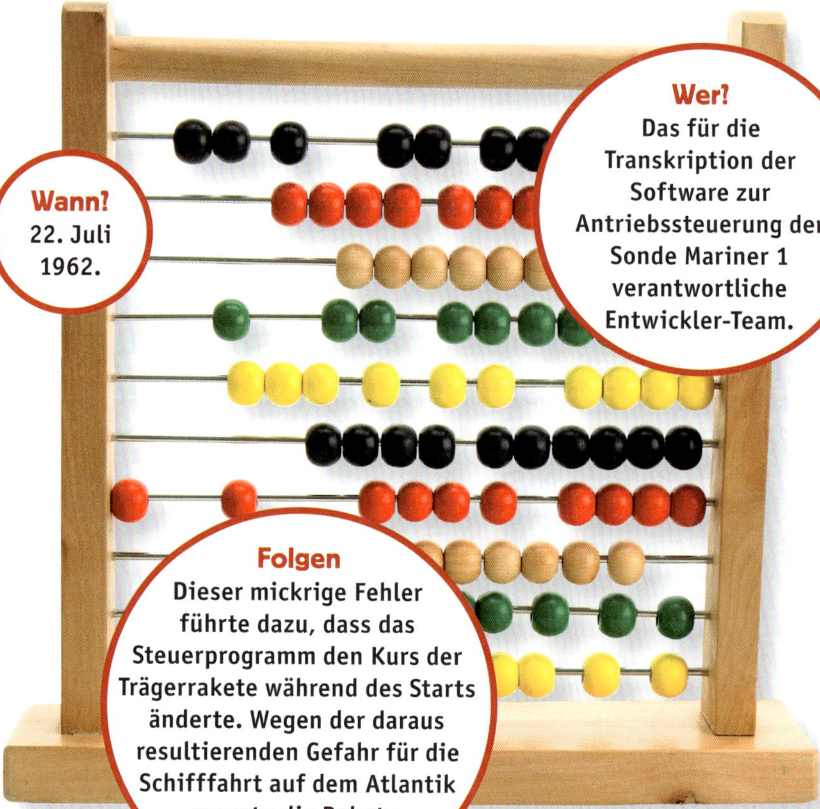

Wann?
22. Juli 1962.

Wer?
Das für die Transkription der Software zur Antriebssteuerung der Sonde Mariner 1 verantwortliche Entwickler-Team.

Folgen
Dieser mickrige Fehler führte dazu, dass das Steuerprogramm den Kurs der Trägerrakete während des Starts änderte. Wegen der daraus resultierenden Gefahr für die Schifffahrt auf dem Atlantik musste die Rakete zerstört werden.

Die Geschichte der Raumfahrtmissionen ist voller katastrophaler Fehler, die wahrlich Unsummen gekostet und – viel schlimmer – Menschenleben gefordert haben. Neben den tragischen Unfällen der Raumfähren Challenger (28. Januar 1986, 7 Todesopfer) und Columbia (1. Februar 2003, auch 7 Tote) waren die Ereignisse um die Raumsonde Mariner 1 die spektakulärsten beim Wettlauf ins All. Die Aufgabe der Sonde war, die Planeten Venus und Merkur zu untersuchen, aber sie erreichte ihr Ziel nie … Sie kam nicht einmal ansatzweise in ihre Nähe. Ein Fehler beim Start der Mission hatte zur Folge, dass die Rakete keine 5 Minuten später zerstört werden musste. In diesem Fall lag es weder an einem technischen Defekt, noch an einer missglückten Konstruktion, noch an schlechten Wetterbedingungen. Das millionenschwere, von NASA-Experten bis ins kleinste Detail durchdachte Projekt scheiterte schließlich wegen eines kleinen Querstriches …

Bevor Steven Spielberg einen schwächlichen und gutmütigen Alien schuf, hatten die Menschen ihr eigenes Abbild auf Außerirdische übertragen, die sie zu unterjochen versuchten.

Was gibt es wohl auf dem Mars?

In den 1960er- und 1970er-Jahren blickte die Welt misstrauisch zur Venus und vor allem zum Mars. Man glaubte, dieser rätselhafte Planet könnte irgendeine Form von Leben bergen. Seine „Nähe" zur Erde erfüllte viele mit Besorgnis, verstärkt durch Unmengen an Science-Fiction-Romanen, Fernsehserien und Filmen über Mars-Invasoren, Angriffe durch Außerirdische und verschiedene Poltergeister. Um etwas Klarheit in die Sache zu bringen, unterhielt die NASA von 1962 bis Ende 1973 das JPL *(Jet Propulsion Laboratory)* in der Nähe von Los Angeles. Das Forschungs- und Entwicklungszentrum wurde mit der Kon-

Gedenkbriefmarke der Venera-Raumsonden. Sie wurden von der ehemaligen UdSSR zur Venus geschickt, mit dem Ziel, die Temperatur-, Druck-, Licht- und sonstigen Werte der dortigen Atmosphäre zu messen.

struktion und dem Bau unbemannter Raumschiffe zur Erforschung des Weltalls beauftragt. Gut ein Jahrzehnt lang baute das Institut über zehn Raumschiffe mit dem Namen Mariner, die erstmals die Planeten Venus, Mars und Merkur erkunden sollten. Es handelte sich dabei um Raumsonden von bescheidener Größe, mit einem Gewicht von etwa einer halben Tonne, die mithilfe einer Atlas-Trägerrakete gestartet wurden.

Schau'n mer mal, wer Erster wird

Es waren die Zeiten des Kalten Krieges, der Wettlauf ins All zwischen den USA und der Sowjetunion setzte die Ingenieure unter Druck. Die Russen hatten die erste Runde für sich entschieden, als die Sonde Venera 1961 in 100 000 km Entfernung an der Venus vorbeiflog – auch wenn sie keine Daten sendete. Im gleichen Jahr ging auch die nächste Etappe an die Sowjets: Am 12. April 1961 umrundete Yuri Gagarin als erster Mensch im Weltraum die Erde. Die NASA brauchte unbedingt einen Knalleffekt, sodass parallel zum langfristigen Plan, einen Menschen auf den Mond zu bringen, mit der Entwicklung der Raumsonde Mariner 1 begonnen wurde.

Die Rakete neigt sich

Der Start dieser Mission war für den 22. Juli 1962 angesetzt. Alles lief nach Plan in Cape Canaveral. Voller Stolz verfolgte man vom Kontrollzentrum aus den Start der Raumsonde. Plötzlich, nach nur 4 Minuten und 53 Sekunden, stellte man eine unerwartete Neigung der Trägerrakete fest. Die Sonde nahm Kurs auf den Atlantik und war über den verkehrsreichen Schiffsrouten eine echte Gefahr. Um eine Katastrophe zu vermeiden, wurde die Rakete gesprengt – nur 6 Sekunden vor dem Abkoppeln der Sonde. Hätten die Techniker nur ein bisschen länger gewartet, hätte die Rakete nicht mehr zerstört werden können.

Die anschließenden Ermittlungen klärten, was passiert war: ein einfacher, aber verhängnisvoller Programmierfehler. Das Auslassen eines mickrigen Querstriches bei der Übertragung des Programms zur Antriebssteuerung der Rakete bewirkte einen Programmfehler, durch den die Rakete eine eigenständige und unkontrollierbare Kursänderung vornahm. Neben den sporadischen Kontaktunterbrechungen zwischen dem Satelliten und dem Kontrollzentrum war dieser Fehler ausschlaggebend für das kostspielige Scheitern der Mission.

Start der Mariner 1 im Jahr 1962. Ein kleiner Fehler in der Steuerung der Rakete bedingte eine Kursänderung, sodass sie vor dem Verlassen der Erdumlaufbahn gesprengt werden musste.

Software-Bugs

In der Wissenschaft nennt man solche Software- bzw. Programmierfehler Bugs (Käfer). Jahrzehntelang haben sie Entwicklern großes Kopfzerbrechen bereitet – einige haben wahre Katastrophen ausgelöst. Nicht nur im Fall der Sonde Mariner 1 gab es einen Bug. Hier eine Auswahl der berühmtesten:

- Der erste Bug, der dieser Art von Fehlern den Namen gab, tauchte 1947 auf. Eines Tages arbeitete ein Ingenieur-Team im Rechenzentrum der Harvard University. Auf der Suche nach einer Fehlfunktion an einem Rechner (konkret am alten **Mark II**, einem 5 m langen Koloss) stellten die Techniker fest, dass sich eine Motte durch die Kontaktbuchsen in den Rechner geschlichen hatte. Das echte Insekt ging in die Geschichte ein, als es buchstäblich auf die entsprechende Logbuchseite geklebt wurde – neben diesen Eintrag: *First actual case of bug being found* (das erste Mal, dass tatsächlich ein

Kein Grund zur Schwarzmalerei. Trotz der anfänglichen Fehler starten die Raketen der Baureihe Ariane 5 heutzutage fünf- bis siebenmal im Jahr und sie befördern dabei Dutzende von Satelliten in die Erdumlaufbahn.

Käfer gefunden wurde). Daher auch die jetzige Bezeichnung. Heute wird die Motte (noch auf die Logbuchseite geklebt) am Naval Surface Warfare Center Computer Museum in Dahlgren (Virginia) aufbewahrt.

- Zwischen 1985 und 1987 führte ein Softwarefehler im Computerprogramm des in der Strahlentherapie eingesetzten Linearbeschleunigers **Therac-25** zu so massiv überhöhter Strahlenbelastung (bis 100-mal höher als die empfohlene Dosis), dass drei Patienten in verschiedenen Krankenhäusern der USA und in Kanada starben und etliche schwer verletzt wurden.

- Ein bekanntes Beispiel für Schäden, die durch fehlerhafte Software entstanden, ist auch die Explosion der Rakete **Ariane 5** am 4. Juni 1996. Nur 40 Sekunden nach Beginn der Startsequenz kam die Rakete vom Kurs ab, brach entzwei und explodierte. So wurden zehn Jahre Konstruktionsarbeit und 7 Milliarden Euro in den Sand gesetzt. Diesmal war das Trägheitsnavigationssystem (SRI) betroffen.

- 1990 bewirkte ein böser Bug, dass Millionen Telefonnutzer in den USA keine Fern- oder Auslandsgespräche führen konnten, denn es kam zu einem Kollaps der Zentralrechner der American Telephone & Telegraph Company **(AT&T)**, der größten Telefongesellschaft der Welt. Der Softwarefehler in der Überwachungsschaltung von Ferngesprächen führte zu einem geschichtsträchtigen Ausfall des gesamten Kommunikationssystems. Das nachfolgende Durcheinander war dermaßen groß, dass die Behörden den Verdacht hegten, es würde sich um einen Terroranschlag handeln.

- Der **Y2K-Bug** oder das Jahr-2000-Problem war im Wesentlichen durch eine alte Angewohnheit der Entwickler entstanden: Die ersten zwei Zahlen einer Jahresangabe wurden beim Speichern der Programmierung weggelassen. Dieser Usus kam in den 1960er-Jahren auf, da die Computer damals wenig Speicherplatz hatten. Je näher es auf die Jahrtausendwende zuging, desto mehr machte sich auch die Angst breit, dass die Systeme aufgrund der nicht erkannten neuen Jahreszahl versagen könnten. Die vorsorgliche Bewältigung dieses Problems verursachte weltweit Kosten in Milliardenhöhe, aber im Endeffekt blieben die befürchteten Folgen aus. Man gründete sogar ein *International Y2K Cooperation Center*, das die Berichte mit den am 1. Januar 2000 aufgetretenen Problemen sammeln und bearbeiten sollte. Die noch bedeutendsten Zwischenfälle stammten aus drei japanischen und acht amerikanischen Atomkraftwerken, obwohl es sich um irrelevante Fehler handelte. Nur für die Katastrophenliteratur war ein es Riesengeschäft. Die Hälfte der Menschheit erwartete voller Spannung die Ereignisse bis zur Morgendämmerung des 2. Januars, um dann festzustellen, dass alles normal lief.

Es war eben doch nicht möglich, das Ende der Welt zusammen mit der Jahrtausendwende zu verkaufen. Denn zu welcher Uhrzeit sollte es geschehen, zu der in New York oder in Peking? Auch die Jahreszahl ist nicht in allen Kulturen gleich, also konnten die Medien nur die Angst vor einem EDV-Chaos verbreiten.

Die Brücke schwankt ganz schön, oder?

FEHLER: Anstelle der sicherheitstechnisch erforderlichen 7,60 m hohen nur 2,40 m hohe Fahrbahnträger einsetzen, damit die Brücke schlank und elegant aussieht.

Wann?
7. November 1940, ein Tag mit einer Windgeschwindigkeit von 65 km/h.

Wer?
Leon Moisseiff, leitender Ingenieur beim Bau der Brücke.

Folgen
Die Brücke stürzte filmreif in die Tacoma Narrows. Es gab keine Todesopfer – abgesehen von einem Hund, der verängstigt im Auto geblieben war. Nach dem Einsturz wurden die Form und Dicke der Träger sowie die bauliche Konstruktion von Hängebrücken überdacht, damit sie starken Windböen standhalten können.

Tacoma ist eine Stadt im US-Bundesstaat Washington mit dem Spitznamen *City of Destiny*. Berühmt wurde sie durch den Einsturz der Tacoma-Narrows-Hängebrücke im Jahr 1940. Als Ersatz wurde 1950 eine neu gebaute, 1822 m lange Brücke mit steiferen Fachwerkträgern in Betrieb genommen.

Hängebrücken tragen diesen Namen, weil sowohl ihre Struktur als auch die Fahrbahn und die Fahrzeuge darauf buchstäblich in der Luft schweben (also „hängen"). Sie sind Meisterwerke der Ingenieurskunst, die nach hoch komplizierten Berechnungen unter Einsatz von Fahrbahnträgern, dicken Tragseilen und Pylonen gebaut werden. Besonders auffallend an solchen Brücken ist ihre Biegsamkeit. Da sie sehr lang und schlank sind, ist es völlig normal, dass sie sich leicht durchbiegen und schwingen. Diese Kräfte werden bei den Berechnungen berücksichtigt – das Übelste, was passieren kann, ist, dass die Benutzer an einem windigen Tag einen Schreck bekommen.

Die billigste Variante

Im Fall der Tacoma-Narrows-Brücke ist diese Theorie im wahrsten Sinne des Wortes ins Wasser gefallen – nämlich in die Tacoma Narrows unterhalb der Brücke …

So beginnt die Story über einen der größten Patzer in der Geschichte des Ingenieurwesens. In den 1930er-Jahren fassten die zum US-Bundesstaat Washington gehörenden Countys Tacoma und Pierce den Entschluss, eine Brücke

Am 14. Oktober 1950 wurde eine neue Brücke mit offenem, winddurchlässigem Fachwerk eingeweiht. 2007 wurde dann die Parallelbrücke für den Verkehr freigegeben, um so des dichten Verkehrsaufkommens Herr zu werden.

über die Tacoma Narrows zu bauen, um die Verbindung zwischen beiden Städten zu verbessern. Es war allerdings kein Kinderspiel, kurz nach der schweren Wirtschaftskrise von 1929 die Finanzierung für dieses Vorhaben hinzukriegen.

Nachdem mehrere Projekte begutachtet worden waren, entschieden sich die Behörden für die billigste Variante, nämlich die des New Yorker Ingenieurs Leon Moisseiff. Neben dem günstigen Preis war sein Name so etwas wie eine Erfolgsgarantie, denn Moisseiff hatte erst kurz zuvor sein Vorzeigeprojekt abgeschlossen: die berühmte Golden Gate Bridge, das Wahrzeichen der Stadt San Francisco.

Sein Ruhm verschaffte dem Ingenieur freie Hand und das Erste, was er tat, war, die Stärke der Fahrbahnträger, welche die Stabilität des Brückenunterbaus sichern sollten, zu verringern: Moisseiff wollte nicht die empfohlenen 7,60 m dicken Träger, sondern nur 2,40 m dicke Bauteile einsetzen – ohne Rücksicht auf das Risiko. Seinem Vorschlag zufolge würde die Brücke viel schlanker und eleganter aussehen – und die Baukosten würden niedriger ausfallen. Das Zauberwort für die Behörden! Sie waren von dieser Einsparung hellauf begeistert und ließen ihn bei der Ausführung seines gewagten Bauplans schalten und walten.

Wie bei einer Achterbahn

Die Brücke wurde termingerecht fertiggestellt. Nur ein paar Tage nach der Einweihung am 1. Juli 1940 tauchten die ersten Probleme auf. Die Brücke verformte sich und schwang ganz bedrohlich – selbst bei für das Gebiet gemäßigten Windverhältnissen. Die Fahrbahn hob sich auf der einen Seite der Brücke und sank auf der anderen wieder ab und schaukelte sich von einer flotten Schwenkbewegung zur anderen. Autofahrer konnten das Spektakel mit bloßem Auge sehen, weil die entgegenkommenden Wagen mal auf dem Brückenhöcker auftauchten, mal in der Senke verschwanden. Wegen dieses tollen Effekts bekam die

Tacoma-Brücke von den Einheimischen den Spitznamen *Galloping Gertie*. Sie war mehr als nur eine Brücke, sie war ein Touristenmagnet. Aus allen Gegenden reisten die Leute extra zum „Achterbahnfahren" an. Die Schwingungen entstanden durch die vom Verkehr verursachte Vibration, die dazu führte, dass die Brücke in Resonanz geriet und wie eine Schaukel nach dem Schubs immer stärker ins Schwingen kam. Moisseiff versicherte, dass dieses Phänomen normal und die Brückenstruktur nicht in Gefahr war.

Der Einsturz

First Picture of Narrows Bridge Falling

LANGLIE LEADING BY 2,045

SUNRISE EXTRA — Seattle Post-Intelligencer

Going Down

Mayor Holds Onto His Slim Advantage

Bandits Slay Two

U. Engineer Describes Close Escape on Span

TODAY'S

Narrows Span Lies At Bottom of Sound

Auf dem Titelbild dieser Lokalzeitung ist ein Auto mit einem Pfeil markiert. Darin war ein Hund, den man nicht herausholen konnte. Beide sind zusammen mit der Brücke ins Wasser gestürzt und nie geborgen worden.

Nur vier Monate später, am 7. November 1940, reichte ein gemäßigter Seitenwind von etwa 65 km/h, um die Brücke wie eine gigantische Flagge zum Wehen zu bringen, bis sie schließlich auseinanderbrach und einstürzte. Zur unzureichenden Festigkeit der Fahrbahnträger und der Länge der Brücke (die drittlängste ihrer Zeit) kam der Umstand hinzu, dass der Aerodynamik bei diesen Konstruktionen keine Bedeutung beigemessen wurde. Die Windfestigkeit wurde fahrlässig außer Acht gelassen, was zusammen mit der fehlenden Steifigkeit zum Einsturz der Tacoma-Narrows-Brücke führte. Immerhin diente ihr filmreifer Kollaps als Denkanstoß dafür, die Wirkungen von Aerodynamik und Resonanz bei der Planung solcher Bauten in Zukunft zu berücksichtigen. Vor dem Einsturz war die Brücke stundenlang starken Schwingungen ausgesetzt. Schließlich fiel das Mittelteil der Brücke mit 850 m Länge und etwa 11 000 t Gewicht krachend ins Wasser – vor den Augen zahlreicher Zeugen, die sich seit der vorsorglichen Sperrung der Brücke vor Ort eingefunden hatten.

Im Internet gibt es sogar einen Film, der die massiven Schwingungen und den nachfolgenden Einsturz der Brücke dokumentiert.

UMWELT

So ein süßes Karnickel!

FEHLER: Der Import von 24 Wildkaninchen aus Großbritannien auf einen Kontinent, auf dem sie gar nicht heimisch waren.

Wann?
1859.

Wer?
Thomas Austin, australischer Farmer und Jäger.

Folgen
Etwa 300 Mio. Wildkaninchen treiben ihr Unwesen in Australien – eine furchtbare Plage, die der Landwirtschaft jährlich Kosten von ca. 90 Mio. Dollar verursacht und viele Hektar Viehweide vernichtet.

Laut der Welternährungsorganisation (FAO) ist die Verbreitung der Kaninchen in Australien die schnellste, die jemals bei Säugetieren dokumentiert wurde. Alles begann 1859, als dem unternehmungslustigen australischen Farmer Thomas Austin die Idee kam, dass er Kaninchen aus seiner Heimat ganz besonders gern in seiner Nähe hätte. Prompt verfrachtete er 24 Wildkaninchen aus England nach Australien, die fortan in einem Gehege auf seinem riesigen Grundbesitz leben sollten.

1950 wurde in Australien das aggressive Myxomatosevirus eingeführt, das den Wildkaninchenbestand von 600 auf nur 100 Mio. reduzierte. Auf dem Bild sieht man eine Gruppe nichts ahnender Karnickel um einen Teich mit verseuchtem Wasser auf der Halbinsel Yorke.

Am Anfang hoppelten sie in ihrem kleinen Revier auf seiner Farm Barwon Park südöstlich von Melbourne herum. Nur: Diese süßen Kreaturen sind für ihren starken Sexualtrieb bekannt, sodass die Parkanlage schnell viel zu klein wurde. Peu à peu drangen die Karnickel nach draußen und begannen, sich in freier Wildbahn niederzulassen – in immensen Scharen, die das karge Weideland ratzekahl fraßen. Selbst unter den schlechtesten Bedingungen ist ein weibliches Exemplar sehr wohl in der Lage, vier- oder fünfmal im Jahr bis zu acht Sprösslinge auf die Welt zu bringen. Und genau das konnten sie hierzulande ungestört, weil sie keine natürlichen Feinde hatten.

Krieg gegen die Kaninchen

Die Australier hatten es bald satt, den Mümmelmännern nur zuzuschauen, wie sie sich explosionsartig ausbreiteten, und erklärten ihnen kurzerhand den Krieg. Am Anfang bedienten sie sich der konventionellen Methoden für die Eindämmung von Plagen wie Gift, Fallen, Zäunen, Einsatz von Raubtieren … alles erfolglos. Die Kaninchen machten einfach mit dem munter weiter, was sie am besten können: fressen und sich vermehren.

Zeichnung von John Tenniel für die erste Ausgabe von *Alice im Wunderland,* 1865. Das weiße Kaninchen ist zu einem echten Symbol geworden und hoch geachtet in England und den USA … aber sicher nicht in Australien.

1950 griffen die Behörden zu Plan B: der biologischen Kontrolle der Spezies durch die Einführung des Myxomatosevirus. Dieser verursacht eine Infektionskrankheit (Kaninchenpest), die den Tieren sehr zusetzt und sie in wenigen Wochen dahinrafft. Am Anfang schien die Strategie aufzugehen: Innerhalb von zwei Jahren ging der Bestand von 600 auf nur 100 Mio. Individuen zurück. Aber nach einer Weile entwickelten die Nager eine Resistenz gegen das Virus. Heutzutage wird die Kaninchenpopulation in Australien auf etwa 300 Mio. Stück beziffert, Tendenz steigend.

Andere Plagen

Die Australier kennen sich schon lange mit Plagen aus. In der Vergangenheit haben sie sich mehreren Ernstfällen aufgrund der viel zu hohen Anzahl von Pferden, Schweinen, Füchsen, Büffeln und sogar Kröten stellen müssen. Die meisten dieser Tiere sind dort gar nicht heimisch, sondern wurden für Haus- und Hofarbeiten eingeführt – oder ironischerweise zur Bekämpfung von anderen Plagen. Heute gibt es etwa 20 Spezies von Wirbeltieren, die wegen ihrer Beeinträchtigung der Umwelt zu einer Seuche geworden sind.

Die neueste Gefahr für das Ökosystem des Kontinents sind Wildkamele. Mehr als eine Million von ihnen treibt ihr Unwesen in Australien und bereitet allerseits heftiges Kopfzerbrechen. Die Dromedare wurden 1840 zur Erschließung des Landesinneren als Lastentiere eingeführt. Man nimmt an, dass bis 1907 etwa 10 000 bis 20 000 Exemplare ins Land gekommen sind. Auf den ersten Blick sind sie ganz liebenswerte Tiere, aber sie können bis zu 80 Prozent der Vegetation im kargen Outback vertilgen. Dazu ist jedes

von ihnen in der Lage, in nur 3 Minuten bis zu 200 l Wasser zu saufen. Von Zeit zu Zeit schickt die Regierung Jäger in Flugzeugen aus, um die Kamel-Population durch Abschießen zu senken. Es mag ein bisschen grausam klingen, aber man nimmt an, das sei die beste Art, die Vermehrung der Trampeltiere im Zaun zu halten – sonst könnte sich ihr Bestand in weniger als zehn Jahren verdoppeln.

Invasion der Arten

Im Laufe der Geschichte hat es mehrere Fälle von eingeführten Spezies gegeben, die den heimischen Ökosystemen – ob nun vorsätzlich oder nicht – erhebliche Schäden zugefügt haben. Allein in Spanien sind insgesamt 20 schädliche Arten (tierische wie pflanzliche) dokumentiert worden. Hier einige Beispiele:

- **Der amerikanische Nerz** wurde in Pelztierfarmen eingeführt. Einige davon sind aber ausgebrochen und stellen heute eine echte Gefahr für den europäischen Nerz dar. Sein amerikanisches Pendant ist robuster, aggressiver und anpassungsfähiger – und so ist der europäische Nerz heute vom Aussterben bedroht.
- **Schwarzkopfruderente.** Diese (scheinbar) harmlose Ente verbreitet sich erfolgreich in ganz Südeuropa – sehr zum Leidwesen ihrer Verwandten, der Weißkopfruderenten.
- **Hecht.** Ein großer heißhungriger Fisch, eine echte Bedrohung für eine Reihe von heimischen Spezies, denn er verschlingt alle Arten von Fischen und Amphibien. Aus Zentraleuropa stammend, wurde er Ende der 40er-Jahre im Tajo ausgesetzt.
- **Roter amerikanischer Sumpfkrebs.** Es scheint, als hätten es amerikanische Tiere auf Europa abgesehen. Dieser Krebs ist eine ernste Gefahr für die Reisfelder im Ebrodelta und für die Albufera bei Valencia. Hier erreicht diese Spezies eine Populationsdichte von ca. 500 kg pro Hektar. Der Krebs verschlingt die Setzlinge und verursacht so große Schäden.
- **Die Wandermuschel** kommt ursprünglich vom Schwarzen Meer und verbreitet sich an Schiffsrümpfe geheftet über die ganze Welt. Ihre massive Vermehrung verursacht eine Störung der Artenvielfalt in den Ökosystemen sowie hohe wirtschaftliche Kosten durch sog. Fouling in Rohr- und Bewässerungsleitungen.

Wie zerstört man eine Insel?

FEHLER: Raubbau an den reichen Phosphatbeständen auf Nauru betreiben, bis zu deren vollständiger Erschöpfung.

Wann?
1903–1990.

Wer?
Mehrere Staats- und Kolonialgesellschaften, die den Abbau betrieben.

Folgen
Verödung der Insel, Ausbeutung des Mineralvorkommens und wirtschaftlicher Kollaps des Landes.

Anfang des 20. Jh.s war Nauru ein kleines Paradies, von Korallenriffen umgeben, mitten im Pazifischen Ozean. Dieses wunderschöne Eiland beherbergte seinen eigenen Schatz in Form eines kostbaren Minerals: Guano. Millionen von Zugvögeln hatten jahrhundertelang ihre Exkremente auf der Insel hinterlassen. Im Laufe der Zeit wandelten sich diese Reste in hochwertiges Calciumphosphat um, das den Inselbewohnern Reichtum bringen und später zum Verhängnis werden sollte.

Angelockt von den Profitverheißungen solch eines „Goldesels" ließen sich Bergbaufirmen aus aller Welt auf der Insel nieder. In den folgenden Jahrzehnten wurden mehr als 6 Mio. t Phosphat abgebaut. Es schien, als würden die reichen Bestände nie zu Ende gehen, und die Nauruer verwandelten sich dank ihres einzigen, aber lukrativen Erzeugnisses in eine Art „pazifische Ölscheichs".

Satellitenbild der Insel Nauru. Mit einer Fläche von knapp 21,5 km² ist ihre einzige Einnahmequelle das Phosphat, das nach Australien ausgeführt wird und dessen Vorkommen jetzt zur Neige gehen.

In der Tat war der Phosphatabbau die (fast) alleinige Einnahmequelle und bescherte den Nauruern großen Wohlstand. Arbeitslosigkeit war schlichtweg ein Fremdwort, die Arbeitnehmer hatten keinerlei Steuern zu entrichten und alle Sozialleistungen waren kostenlos. Die immensen Einnahmen machten die Inselrepublik zu einem der (pro Kopf gerechnet) reichsten Länder der Erde. Das war den Nauruern aber nicht genug: Um ihre Wirtschaft zu stärken, wurde die Insel in den 1990er-Jahren ein Steuerparadies.

Oben: Werk für die Phosphatverarbeitung. **Unten:** Der Preis des Reichtums: Unbehandelte Mineralphosphate setzt man in der Öko-Landwirtschaft ein. Zu Superphosphaten verarbeitet finden sie jedoch auch Anwendung im intensiven Ackerbau. Phosphate sind aber heute weltweit auf dem Rückzug.

Der tiefe Fall

Der extensive Abbau hatte die allmähliche Erschöpfung des Vorkommens zur Folge. Das Ökosystem der Insel, bis aufs Knochenmark abgeschabt, verwahrloste langsam, aber unwiederbringlich. 90 Prozent des Inselinneren sind heutzutage ödes Brachland, was die knappen Ressourcen des Landes zusätzlich einschränkt, 80 Prozent der Gesamtfläche Naurus sind komplett verwüstet. So weit das Auge reicht ist nur eine unfruchtbare Ebene voller Steinzacken und -pyramiden mit bis zu 15 m Höhe zu sehen. Dazu kommt die massive Beeinträchtigung des maritimen Lebensraums durch den intensiven Bergbau.

Laut offiziellen Quellen verfügt die Regierung heute nicht mehr über die Mittel, um die Grundsozialleistungen aufrecht zu erhalten. Missmanagement und fehlende alternative Einnahmequellen haben zu einer schier unerträglichen Situation geführt. Nauru wies 2013 eine der niedrigsten Inflationsraten der Welt auf, nämlich eine von –2,1 Prozent.

Seit einigen Jahren sind die Möglichkeiten, neue Einnahmequellen zu finden, ziemlich gesunken. Das Staatsvermögen ist (bestenfalls) gefährdet oder schlicht nicht mehr da. Heute befindet sich die Wirtschaft im Übergang zum Post-Phosphat-Zeitalter. Die Wachstumschancen in der Landwirtschaft oder im Dienstleistungssektor sind äußerst begrenzt. Naurus Natur ist zerstört, die Insel verfügt weder über Landwirtschaft noch über Trinkwasser

Arenibek, auf der Insel Nauru, 1896, vor Beginn des Phosphatabbaus, der das Gesicht der Insel für immer verändern sollte. Sie war damals das sprichwörtliche Südsee-Paradies, in dem materieller Reichtum keine große Rolle spielte. Der Abbau begann 1903 und die Bewohner wurden schnell reich. Durch Missmanagement versanken sie jedoch ebenso schnell wieder in Armut.

und ist, was Nahrungsmittel angeht, völlig von Australien abhängig. Natürliche Häfen gibt es auch nicht, sodass Lebensmittel entweder auf dem Luftweg oder aber auf Schiffen, die weit vor der Küste vor Anker gehen müssen, angeliefert werden. Von da aus werden die Güter auf kleinere Boote umgeladen und an Land gebracht.

Raffgier ist vieler Fehler Anfang

Die Suche nach billigem Erdöl und dessen Transport zu den Raffinerien haben mehrere folgenschwere, zum Teil auch vermeidbare Umweltkatastrophen verursacht. Über einige von diesen Desastern spricht man gar nicht, sei es wegen des Ortes an sich, sei es wegen der Umstände. So sind z. B. bei der Ölpest am Persischen Golf 1991 (der größten aller Zeiten) etwa 1,8 Mio. t Öl ins Meer gelangt. Man vergleiche diese Zahl mit den 37 000 t der Exxon Valdez 1989 vor Alaska. Es wird angenommen, dass der Ölaustritt nach der Explosion der Bohrinsel Deepwater Horizon 2010 im Golf von Mexiko weit über 600 000 t liegt. Ein technischer Fehler führte zu einem Blowout, als man ein Ölfeld in 1500 m Tiefe anbohrte. Elf Menschen starben, die Plattform versank im Meer und das Rohöl trat tagelang unkontrolliert aus. Und auch das Krisenmanagement traf nur eine Fehlentscheidung nach der anderen.

Der Tag, an dem die Killerwelle kam

FEHLER: Kein Tsunami-Warnsystem im gesamten Indischen Ozean betreiben und das Risiko eingehen, von den tödlichen Wassermassen überrascht zu werden.

Wann?
26. Dezember 2004.

Wer?
Lokale und internationale Behörden.

Folgen
230 000 Todesopfer und Millionen Obdachlose. Ein Teil der Opfer hätte rechtzeitig gewarnt werden können, vor allem in den vom Epizentrum weiter entfernten Ländern.

„Es hätten viele Menschenleben gerettet werden können, wenn es wie im Pazifik ein Tsunami-Frühwarnsystem gegeben hätte. Immerhin dauerte es zwei Stunden, bis die Riesenwelle Sri Lanka erreichte: genug Zeit, um zu handeln."

Sálvano Briceño, ehem. Vorsitzender der Initiative *Internationale Strategie zur Katastrophenvorsorge* der UN

Es war kurz vor 8 Uhr morgens am 26. Dezember 2004, als ein gewaltiges unterseeisches Erdbeben im Indischen Ozean, dessen Epizentrum westlich der indonesischen Insel Sumatra lag, eine Reihe von verheerenden Tsunamis auslöste. Insgesamt starben 230 000 Menschen durch das Beben und seine Folgen, Tausende Küstenbewohner in Asien und Ostafrika mussten innerhalb kürzester Zeit ihre Häuser verlassen. Bis zu 5 m hohe Killerwellen überrollten die indonesische Küste, die Druckwelle löste auch Tsunamis aus, die Thailand, Sri Lanka und einige indische Inselgruppen wie die Andamanen und die Nicobaren erreichten. Sechs Stunden später waren diese Flutwellen an den afrikanischen Küsten von Somalia und Kenia angekommen. Das Sumatra-Andamanen-Beben wurde zu einer der tödlichsten und größten Naturkatastrophen, die es je gab.

Es waren viele Jahre vergangen, die Menschen hatten die Küstenregion besiedelt, der letzte Tsunami lag Jahrhunderte zurück, die Alarmsysteme waren nicht einsatzbereit, es gab keinen erprobten Notfall- und Evakuierungsplan.

Kein Frühwarnsystem

Die Zahl der Todesopfer war besonders hoch, weil der Tsunami in über 100 Jahren der erste war, der auch die Küstengebiete des Indischen Ozeans heimsuchte. Die betroffenen Länder waren auf eine solche Katastrophe kaum oder gar nicht vorbereitet. Obwohl es einfach unmöglich ist, irgendeinen Küstenabschnitt vollständig vor der Zerstörungswut eines Tsunamis zu schützen, wurden bald einige kritische Stimmen laut. Niemand hatte die Bevölkerung rechtzeitig gewarnt. Im Pazifischen Ozean gab es schon seit Jahren ein Tsunami-Warnzentrum, das anhand seismographischer Messungen rechtzeitig die Entstehung von Tsunamis registrierte. Durch die Frühwarnung hatten selbst die Riesenwogen der letzten Jahrzehnte an der pazifischen Küste kaum Todesopfer gefordert. Aber ein solches System gab es im Indischen Ozean nicht. Dort war man gegen Katastrophen durch Monsune und tropische Wirbelstürme gut gewappnet. Die UNO hatte jahrelang die Notwendigkeit betont, im Indischen Ozean und in allen anderen Regionen der Welt, in denen 60 Prozent der Bevölkerung Küstenbewohner sind, ein Frühwarnsystem einzurichten.

Als der Tsunami die Küstenregion überrollte, hatten viele Urlauber eine Kamera zur Hand und drehten beeindruckende Dokumentationen, die später von den Medien ausgestrahlt wurden.

Zu den Warnungen der Vereinten Nationen kam die Kritik von Umweltorganisationen. Sie bemängelten die Zerstörung der Korallenriffe durch den Klimawandel und das Verschwinden der Mangrovenwälder, die dem Bau von Garnelenzuchtanlagen zum Opfer gefallen waren – all dies hatte die verheerende Wirkung des Tsunamis noch verstärkt. Die Experten meinen, dass die Bäume in den Mangrovensümpfen und die Korallenriffe für die meterhohen Wellen zumindest eine kleine Barriere mit einem gewissen Bremseffekt gewesen wären. Den Opfern in Indonesien hätte ein Frühwarnsystem wohl keine Rettung gebracht, da die Flutwelle innerhalb weniger Minuten eintraf. Aber in Ländern wie Sri Lanka oder Indien, deren Küsten von dem Tsunami erst zwei Stunden später heimgesucht wurden, wäre die Bevölkerung durch ein leistungsfähiges Warnsystem rechtzeitig alarmiert gewesen und hätte sich in Sicherheit bringen können.

Die Küste Sumatras 2004 nach dem Tsunami. Die größte Riesenwelle der Geschichte verschlang über 230 000 Menschenleben und löste auch die weltweit größte Hilfsaktion nach einer Naturkatastrophe aus.

Der Fehler wurde behoben

Im Oktober 2009 wurde die erste Katastrophenübung mit dem Szenario eines tatsächlichen Tsunamis im Indischen Ozean erfolgreich durchgeführt. 18 Küstenstaaten nahmen daran teil. Ziel der Übung war es, die Funktion des neuen, von der *Intergovernmental Oceanographic Commission* (IOC) der UNESCO eingerichteten Tsunami-Frühwarnsystems im Indischen Ozean (IOTWS) zu testen und zu bewerten. Dieses System besteht aus optimierten seismographischen Sensoren, Druckmessern am Meeresboden und einer Reihe von Mareographen, die alle Daten in Echtzeit melden. Die Schnittstellen für die Bewertung der Daten sind die nationalen Meldezentren und die Ämter für Katastrophenhilfe. Seitdem wurden Tsunami-Warnungen so früh ausgelöst, dass man rechtzeitig geeignete Maßnahmen einleiten konnte.

ERRARE HUMANUM EST

Steuerbord oder Backbord?

FEHLER: Diverse Manövrier- und Peilungsfehler und unterschiedliche Auffassungen der beiden Kapitäne über die Position des jeweils anderen Schiffs. Während das schwedische Schiff den Regeln gemäß nach Steuerbord drehte, irrte der italienische Kapitän und drehte nach Backbord.

Wann?
25. Juli 1956.

Wer?
Piero Calamai, Kapitän des italienischen Schiffes Andrea Doria, und Gunnar Nordenson, Kapitän des schwedischen Schiffes Stockholm.

Folgen
Bei der Kollision beider Schiffe und dem anschließenden Untergang der Andrea Doria kamen insgesamt 51 Menschen ums Leben.

„Wenn sich zwei Seefahrzeuge auf Kollisionskurs einander so nähern, dass die Gefahr eines Zusammenstoßes besteht, muss jedes nach Steuerbord ausweichen und seinen Kurs so richten, dass sie einander an ihrer Backbordseite passieren."

Kollisionsverhütungsregeln (KVR)

Ende der 1940er-Jahre wollte Italien der ganzen Welt seine gesellschaftliche und wirtschaftliche Macht demonstrieren. Deshalb beauftragte die *Società di Navigazione S.p.A* die Werft Canitieri Navali Ansaldo di Sestri Ponente in Genua mit dem Bau zweier imposanter Schiffe. Das Ergebnis konnte sich sehen lassen: Andrea Doria und Cristoforo Colombo wurden auf die beiden glorreichsten genuesischen Seefahrer der Geschichte getauft. Das erste Luxusschiff, die Andrea Doria, lief am 16. Juni 1951 vom Stapel, war 212 m lang und hatte eine Tonnage von knapp 30 000 BRT. Prachtvoll und edel eingerichtet bot es mehr als 1200 Passagieren Platz. Es verfügte über drei Schwimmbecken an Deck (eines für jede Klasse: Erste, Kabinen- und Touristenklasse), drei Kinos und mehrere Lounges. Mit den neuesten Errungenschaften der Nautik bestückt und dem in elf wasserdichte Schotten unterteilten Rumpf galt die Andrea Doria als unsinkbar. Auch ihr Kapitän, der erfahrene Piero Calamai, glaubte das, zumindest bis zum Abend des 25. Juli 1956. Zu dieser Zeit näherte sich der Luxus-Liner schon dem Feuerschiff von Nantucket, etwa 160 Meilen östlich vor dem New Yorker Hafen. Der leitende Offizier wollte, sobald er den Leuchtturm auf seinem Radar hatte, das Schiff nach Backbord steuern. Das war ein durchaus übliches Manöver, sowohl für die Schiffe in Richtung New York als auch für jene, die von dort kamen. So machte es auch die Stockholm der Svenska-Amerika-Line unter dem Kommando von Kapitän Gunnar Nordenson. Das Passagierschiff hatte kurz vor Mittag in New York abgelegt und fuhr nun in Richtung der schwedischen Stadt Göte-

Andrea Doria als Neptun, Gemälde von Agnolo Bronzino, um 1550. Am Abend des 25. Juli 1956 forderte Neptun seinen Tribut.

borg. Es war kleiner als die Andrea Doria, 160 m lang und konnte nur ca. 800 Passagiere aufnehmen. Es verfügte aber über einen für Eisfahrt verstärkten Bug.

Kursänderungen

Etwa um 21 Uhr änderte der schwedische Kapitän seinen Kurs um drei Grad backbord, um an das Feuerschiff heranzufahren. Beide Schiffe hielten ihren üblichen Kurs auf einer viel befahrenen Wasserstraße. Kurz vor 23 Uhr empfing die Kommandobrücke der Andrea Doria das Signal von einem Schiff, das sich etwa vier Grad steuerbord befand und sich mit 17 Knoten näherte. Die Schiffe bewegten sich aufeinander zu und im ersten Augenblick nahm Calamai an, sie könnten einander problemlos an der Steuerbordseite passieren. Eine internationale Regel verlangt jedoch, dass die Schiffe sich an ihrer Backbordseite passieren und, falls eine Frontalkollision droht, nach Steuerbord ausweichen. Als Calamai plötzlich bemerkte, dass die Distanz zwischen beiden Schiffen sehr gering war, änderte er vorsichtshalber seinen Kurs um vier Grad backbord.

Die SS Andrea Doria war das größte Schiff Italiens. Es lief 1951 vom Stapel und beeindruckte durch drei Schwimmbecken, zehn Decks und eine noble Ausstattung mit vielen Details. Dagegen war die 1948 in Dienst gestellte schwedische MS Stockholm das damals kleinste Schiff auf dem Nordatlantik.

Die Kollision

Um 23 Uhr durchfuhr die Andrea Doria eine dichte Nebelbank mit geringer Sichtweite. Unter solchen Umständen müssen einer weiteren Regel zufolge die Schiffe mit langsamer Geschwindigkeit fahren. Tatsächlich ordnete Kapitän Calamai an, das Tempo zu drosseln, aber selbst danach lag die Geschwindigkeit noch bei über 21 Knoten.

Inzwischen hatten die Schweden die Andrea Doria auf ihrem Radar und erkannten, wie nah sie bereits war. Da sich ihr Schiff schon mitten in der Nebelbank befand, bemühten sie sich, das Auftauchen des sich nähernden Schiffs an der Backbordseite zu überwachen. Plötzlich gab der schwedische Matrose im Ausguck Alarm: „Licht an Backbord!“. Und da beide Schiffe so dicht beieinander lagen, wurde die Stockholm schnell 20 Grad nach Steuerbord gedreht. Da fiel dem entsetzten Steuermann auf, dass das näher kommende Licht grün leuchtete. Damit war klar, dass er von dem anderen Schiff nicht die Backbord-, sondern die Steuerbordseite sah. Die Andrea Doria kam direkt auf sie zu, ein Ausweichen war unmöglich. Trotzdem versuchte der Seemann das soganannte Manöver des letzten Augenblicks, drehte hart nach Steuerbord und fuhr rückwärts, um das Schiff noch rechtzeitig zu stoppen. Alles erfolglos. Um 23.15 Uhr durchschlug der harte Bug der Stockholm die Steuerbordseite der Andrea Doria und riss ein riesiges Loch von rund 30 m Durchmesser. Das italienische Schiff bekam schnell Schlagseite nach Steuerbord, die binnen Minuten unumkehrbar 20 Grad betrug, wahrscheinlich weil Ballastwasser fehlte. Das heißt, die Tanks wurden nicht vorschriftsgemäß permanent mit Wasser aufgefüllt, um das Gewicht auszugleichen. Das Schiff begann langsam zu sinken.

Leuchtturm von Nantucket auf der gleichnamigen Insel bei Cape Cod in Massachusetts (USA). Von hier kam das letzte Licht vom Kontinent, das auf der Andrea Doria vor ihrem Untergang gesichtet wurde.

51 Todesopfer

Der Nähe zur Küste und dem dichten Schiffsverkehr ist es zu verdanken, dass die meisten Passagiere und Besatzungsmitglieder innerhalb von nur vier Stunden geborgen werden konnten. Die Schiffe hatten insgesamt 1705 Menschen an Bord. Es gab 51 Tote, fünf auf der Stockholm und 46 auf der Andrea Doria. Das Wrack des italienischen Luxusschiffs liegt heute auf einer Sandbank in 70 m Tiefe auf der Steuerbordseite, um 22° geneigt – also auf der Seite, die von der Stockholm aufgerissen wurde. Hunderte von Tauchern besuchen das Wrack jährlich, aber die Zeit hat dem stählernen Koloss schwer zugesetzt.

Du sollst nie ohne Freigabe starten!

FEHLER: Ohne die Erlaubnis des Towers durchstarten und mit einem auf der Startbahn rollenden Flugzeug kollidieren.

Wann?
27. März 1977.

Folgen
Durch die verheerende Kollision kamen 583 Menschen ums Leben. Nach der Katastrophe wurden gravierende Änderungen im internationalen Luftverkehr vorgenommen und standardisierte Funkphrasen in Englisch, automatische Nebel-Navigationssysteme und Bodenradar für alle internationalen Flughäfen eingeführt (damals nur auf Großflughäfen wie London, Paris oder New York in Gebrauch).

Wer?
Jacob van Zanten, Kapitän des Fluges KLM 4805, und Victor Grubbs, Kapitän des Fluges PAA 1736, die Unglückspiloten und Mitverursacher der schlimmsten Katastrophe in der Geschichte der zivilen Luftfahrt (auf dem Flughafen Teneriffa Los Rodeos).

Computergrafik des Kollisionsmoments der beiden Boeing 747 auf dem Flughafen von Teneriffa Los Rodeos 1977. Der Flugkapitän der KLM-Maschine startete, ohne die Startfreigabe vom Tower abzuwarten.

Menschliche Fehler sind die Hauptursache für die meisten Unfälle in der zivilen Luftfahrt. Und so war es eben auch bei der tragischen Kollision zweier Boeing 747 der Fluglinien KLM (Niederlande) und Pan Am (USA) auf dem Flughafen Los Rodeos auf Teneriffa. Die erste Maschine war ein Charterflug vom Amsterdamer Flughafen Schiphol, die zweite, ebenfalls ein Charterflug, kam aus Los Angeles. Beide Flieger hatten die Ferieninsel Gran Canaria als Ziel.

Das Desaster nahm seinen Lauf, als im Passagierterminal des Zielflughafens eine Bombe der kanarischen Separatisten-Bewegung MPAIAC hochging. Eine weitere Bombendrohung von derselben Bewegung führte zur Einstellung des Flugverkehrs auf Gran Canaria, sodass beide Flüge auf die Nachbarinsel Teneriffa umgeleitet werden mussten.

Los Rodeos war damals ein kleiner Regionalflughafen, der erhebliche Probleme hatte, die großen Jumbojets überhaupt aufzunehmen. An diesem Tag waren nur zwei Fluglotsen im Tower, die zudem ohne Unterstützung durch Bodenradar auskommen mussten.

Cockpit einer Boeing. Trotz modernster Technik, die einen automatisierten Flugverkehr möglich macht, haben die Piloten beim Start das letzte Wort.

Zwei gravierende Fehler

Die Sperrung von Gran Canaria dauerte nur wenige Stunden, der Flugplatz wurde schließlich wieder geöffnet. Gleich darauf bat der amerikanische Kapitän um die Starterlaubnis nach Gran Canaria. Diese konnte aber nicht erteilt werden, da der Flug KLM 4805 den Zugang zur Landebahn blockierte. Beide Maschinen hatten die Anweisung erhalten, über die Startbahn zu rollen, da die Rollbahn aufgrund der vielen von Gran Canaria umgeleiteten Flüge voll belegt war.

Der holländische Kapitän hatte gerade die Tanks seiner Maschine mit 55 000 l Treibstoff füllen lassen, als er die Erlaubnis erhielt, die Startbahn bis zum Ende hinunter zu rollen. Gleichzeitig bekam Victor Grubbs, Flugkapitän des Pan-Am-Jets, eine ähnliche Anweisung: Er sollte ebenfalls über die Startbahn rollen, diese aber dann über die dritte Querbahn verlassen, um so der niederländischen Maschine Platz zu machen. Womöglich wegen des Nebels hatte der Pan-Am-Jumbo die dritte Querbahn verpasst und rollte langsam bis zur vierten Abzweigung weiter. Per Funk gab der Kapitän jede seiner Aktionen durch – an den Tower wie auch an den KLM-Jet. Der KLM-Kapitän wurde ungeduldig und teilte dem Tower mit, er sei im Begriff, seine Maschine zu starten. Aufgrund des dichten Nebels konnten weder er noch die Fluglotsen im Tower sehen, dass die Pan-Am auf derselben Bahn immer näher kam. Dann passierte der zweite folgenschwere Fehler. Vielleicht war es ein schlichtes Missverständnis bei der Kommunikation mit dem Tower oder es lag an der schlechten Tonqualität der Funkverbindung. Jedenfalls beschleunigte die KLM-747,

Die ewige Hektik

Die spanische Flugunfallbehörde vermerkte in ihrem Bericht, dass neben der Sichtbeeinträchtigung durch Nebel auch die Ungeduld des KLM-Kapitäns zum Absturz führte. Er wollte schnell nach Gran Canaria und dann nach Amsterdam weiterfliegen, um die strikten niederländischen Arbeitszeitbestimmungen einzuhalten. Dazu kamen Missverständnisse in den Funksprüchen zwischen den Piloten und dem Tower. Außerdem konnte der kleine Flugplatz auf Teneriffa nicht alle von Gran Canaria umgeleiteten Flüge abwickeln. Und die Pan-Am hatte die Startbahn nicht über die dritte Querbahn verlassen, wie vom Tower angewiesen.

ohne die Startfreigabe vom Tower erhalten zu haben. 13 Sekunden später (genau um 17.06 Uhr) prallte der KLM-Jumbo mit 270 km/h auf die amerikanische Maschine.

Die Wucht des Zusammenpralls war enorm. Die KLM riss das Ober- und das Passagierdeck der Pan-Am komplett auf und das Heck wurde durch den Einschlag der Triebwerke zerstört. Dann stürzte der KLM-Jumbo etwa 150 m hinter der Pan-Am auf den Boden, rutschte weitere 300 m und ging sofort in Flammen auf. Alle 248 KLM-Passagiere und die Crew kamen ums Leben, ebenso wie 335 der 380 Menschen an Bord der Pan-Am – die neun später verstorbenen Opfer mitgezählt. Im Nachhinein stellten die Experten fest, dass nur etwa 25 Fuß (gut 7,5 m) mehr Höhe gereicht hätten, dann wäre die KLM über die amerikanische 747 hinweg geflogen. Es waren wohl ein paar Sekunden zu wenig Zeit und ein paar Liter zu viel Gewicht im Tank, um beim Abheben ein paar läppische Meter mehr Höhe zu gewinnen und die schlimmste Katastrophe in der zivilen Luftfahrt zu vermeiden.

Obwohl im Luftverkehr viel weniger Unfälle passieren als im Straßenverkehr, ist jedes einzelne Flugzeugunglück meist eine Katastrophe mit einer hohen Zahl an Todesopfern.

Mitternacht in Bhopal

FEHLER: Sämtliche Sicherheitsvorkehrungen missachten und unqualifizierte Arbeitskräfte gefährliche Reinigungsarbeiten in einem Chemiewerk in Bhopal (Indien) ausführen lassen.

Wann?
3. Dezember 1984.

Wer?
Der amerikanische Chemiekonzern Union Carbide.

Folgen
Schätzungen gehen von 3800 bis 25 000 Toten durch direkten Kontakt mit der Gaswolke und bis zu 500 000 Verletzten, die mitunter bis heute an den Unglücksfolgen leiden, aus.

In den 1950er-Jahren richteten weltweit ganze Scharen von Schädlingen immer größere Ernteschäden an. Landwirte konnten bei der Bekämpfung nur auf das berühmte DDT zählen, aber viele Länder hatten dies aufgrund seiner Toxizität vom Markt genommen. Es war also dringend nötig, ein „Wundermittel" herbei zu zaubern. Daran arbeiteten viele Chemieunternehmen unermüdlich, auch die amerikanische Union Carbide. Mit 130 Tochtergesellschaften in 40 Ländern war sie zu dieser Zeit der drittgrößte Chemiekonzern in den USA.

Nach Jahren gelang einem Carbide-Team aus Chemikern und Entomologen der Durchbruch. Unter dem Namen SEVIN produzierte es ein günstiges, gegen die meisten Plagen wirksames Pestizid, das obendrein absolut schadlos für Mensch und Umwelt war. Doch es gab ein ganz großes Aber: Bei der Herstellung kamen hoch giftige Substanzen zum Einsatz, wie Phosgen und Methylamin, die zu Methylisocyanat, einer der flüchtigsten und gefährlichsten Substanzen der chemischen Industrie, reagieren können. Nach den entsprechenden Labortests stellte man fest, dass selbst die kleinste Dosis Methylisocyanat die Atemorgane komplett zerstört und irreparable Blindheit und Verätzungen der Haut verursacht. Trotzdem: Geschäft ist Geschäft. Das Pestizid würde nicht nur Millionengewinne einbringen, sondern auch eine Monopolstellung auf einem Markt, auf dem sich viele Unternehmen tummeln, die von einer dauerhaften Lösung für die Schädlingsvernichtung träumen.

Von hundert auf null

1977 wurde in Indien eine kleine Fabrik in Bhopal (Bundesstaat Madhya Pradesh) gegründet, betrieben von der Union Carbide India Limited (UCIL), die zu 50,9 % Union Carbide gehörte. Hier lief nun die Produktion von SEVIN an. Die Nachfrage nach Pestiziden schnellte buchstäblich in die Höhe, die Firma hatte die Genehmigung, bis zu

Bei der Herstellung von Pestiziden ist eine hohe Konzentration an Giftstoffen unvermeidlich – das macht sie so enorm gefährlich.

Industrieruine der Union Carbide in Bhopal. Die Chemiebranche verlagert die Produktion meist in Länder mit weniger strikten Vorschriften.

5000 t Pestizid im Jahr herzustellen. Von der starken Nachfrage angetrieben, lief die Herstellung auf Hochtouren. Aber die Initialzündung verpuffte in den 1980er-Jahren und die Produktion von SEVIN wurde gedrosselt. Langsam rutschte die Firma in die Verlustzone und war gezwungen, einen Sanierungsplan vorzulegen, der unter anderem vorsah, mehr als die Hälfte der Mitarbeiter, primär die lohnintensiven Techniker und Facharbeiter, zu entlassen. Ihre Aufgaben mussten unqualifizierte Arbeitskräfte übernehmen, die wenig bis gar nichts über Chemie, geschweige denn über Arbeitssicherheit wussten. Auch die Wartung der Fabrikanlage blieb nicht vor drastischen Sparmaßnahmen verschont, was zwangsläufig zu erheblich mehr und größeren Gefahrenquellen führte.

Ein fataler Fehler

Die Situation besserte sich nicht und im Sommer 1984 hatte man schon eine Schließung der Fabrik ins Auge gefasst. Dann kam die Nacht des Unglücks. Am 3. Dezember 1984 um 0.30 Uhr war im Chemiewerk der Union Carbide alles ruhig. Lediglich ein paar Hilfskräfte waren mit Reinigungsarbeiten beschäftigt und wollten dabei mit einem Wasserschlauch das zum Methylisocyanat (MIC) führende Rohr von Schmutz und Rückständen befreien. Nie hatten sie etwas von elementaren Sicherheitsvorkehrungen wie etwa der Notwendigkeit, die Leitungen so abzudichten, dass kein Wasser in die Tanks gerät, gehört. Irgendwie geschah es doch: Das Wasser floss in den mit 42 t Methylisocyanat gefüllten Tank. Innerhalb von Sekunden kam es zu einer exothermen Reaktion, Kohlendioxid wurde freigesetzt, der Tankinnendruck erhöhte sich extrem und hoch giftiges Gas konnte über die Ventile entweichen. Eine tödliche Wolke zog über den dunklen Himmel von Bhopal …

Bhopal hat über eineinhalb Millionen Einwohner – eine Metropole mit überwiegend muslimischer Bevölkerung in der Mitte Indiens.

Almosen statt Entschädigung

Nach der Katastrophe begannen die Anschuldigungen und Prozesse. Letzten Endes räumte Union Carbide ein, das Werk in Bhopal habe nur mangelhafte Sicherheitsvorkehrungen getroffen. Es kam auch ans Licht, dass das mit den Reinigungsarbeiten beauftragte Personal nicht ausreichend qualifiziert war. Der US-amerikanische Konzern versuchte sogar, einen eigenen Mitarbeiter der Sabotage zu bezichtigen, musste aber schließlich eine unmittelbare Mitschuld am Desaster eingestehen. Zum Schluss einigte sich der Konzern mit der indischen Regierung auf die Zahlung eines Schmerzensgeldes in Höhe von 470 Mio. Dollar – gerade einmal ein Sechstel des von der Anklage geforderten Betrags.

Das Bhopal-Unglück war die bisher schlimmste Chemiekatastrophe aller Zeiten. Das Bild zeigt eine Demonstration der Opfer für die Auslieferung von Warren Anderson, dem Vorsitzenden von Union Carbide.

Die Verantwortlichen werden nicht bestraft

Viele Jahre nach dem Unglück ist noch immer nicht geklärt, was mit den 300 t Giftmüll geschehen soll, die nach wie vor auf dem Gelände lagern, mehr als 10 000 t Erdboden sind auch jetzt noch verseucht. Unzählige Betroffene leiden noch heute unter den Folgen der Verletzungen und Vergiftungen. Das für die Katastrophe verantwortliche Unternehmen ließ die Fabrik einfach stehen. 16 Jahre später wurde Union Carbide von Dow Chemical übernommen, doch Dow Chemical übernahm keinerlei Verantwortung – weder für den Giftmüll auf dem Firmengelände noch für die Verseuchung von Grundwasser und Luft.

Die einzige Entschädigung für die Bhopal-Opfer blieb bis heute das im Rahmen der Vereinbarung von 1989 an die indische Regierung gezahlte Schmerzensgeld in Höhe von 470 Mio. Dollar – von dem sie nie etwas gesehen haben.

Das ist eine Simulation…

FEHLER: Durch mehrere schwerwiegende Verstöße gegen geltende Sicherheitsvorschriften die größte Nuklearkatastrophe in der Geschichte verursachen.

Wann?
26. April 1986.

Wer?
Die Operatoren und Verantwortlichen für die Versuchsdurchführung im Atomkraftwerk Tschernobyl.

Folgen
Nach Informationen der WHO verursachte der Unfall vermutlich 4000 Tote, darunter 50 Rettungskräfte und 3940 Opfer von Strahlenerkrankungen unter den 116 000 Evakuierten und den 270 000 Bewohnern der am stärksten verseuchten Zonen.

„Wir sind zum ersten Mal wirklich mit einer solch schrecklichen Kraft wie der Atomenergie, die außer Kontrolle geraten ist, konfrontiert."

Michail S. Gorbatschow,
Generalsekretär der Kommunistischen
Partei der Sowjetunion.
14. Mai 1986

Es war eine Serie von Fehlern. Die Arbeiter verfügten nicht über eine entsprechende Ausbildung und sie begriffen zu keinem Zeitpunkt die Gefährlichkeit ihres Handelns. Die Katastrophe ereignete sich bei einem Versuch, der einen vollständigen Stromausfall am Kernreaktor simulieren sollte. Weil dieser Versuch auch eine Unterbrechung der Stromversorgung in Kiew bedeutete, wurde er tagsüber begonnen, aber dann auf die Nacht verschoben, in der weniger Energiebedarf bestand, allerdings auch ein anderes Personal zur Schicht anwesend war. Lediglich eine junge und unerfahrene Belegschaft war mit dem Reaktor 4 betraut. In den ersten zehn Tagen nach der Explosion wurden mehr als 200 000 km² verseucht und 784 320 Hektar für die Landwirtschaft unbrauchbar gemacht. Noch heute weisen Pilze, Beeren und Wildtiere hohe Cäsiumbelastungen auf, vor allem in den Wäldern der besonders stark kontaminierten Regionen.

So viele Versuche, bis ...

Morgens um 1.23 Uhr am 26. April 1986 kam es zu einer Katastrophe, wie sie bis dahin in der Geschichte der Technik unbekannt war. Im Kernkraftwerk Tschernobyl explodierte aufgrund eines unkontrollierten Leistungsan-

Die Nutzung der Kernenergie als Alternative zum Erdöl ist immer noch umstritten. Das Risiko ist einfach zu groß. Es genügt ein Fehler, um ein ganzes Land in eine unbewohnbare Wüste zu verwandeln. Und Fehler machen wir immerzu, das gehört zur menschlichen Natur.

stiegs der Reaktor in Block 4, was zur Folge hatte, dass große Mengen an radioaktivem Material in die Atmosphäre gelangten und sich großräumig verteilten. Dabei wurde 200-mal so viel Strahlung freigesetzt wie bei den Atombombenabwürfen über Hiroshima und Nagasaki im Zweiten Weltkrieg.

Das 110 km nördlich der ukrainischen Hauptstadt Kiew gelegene Kernkraftwerk in Tschernobyl verfügte über vier Reaktorblöcke, jeder mit einer elektrischen Bruttoleistung von 1000 Megawatt. Vielleicht sahen die Meiler von außen schon etwas veraltet aus, aber viel tragischer waren die bauartbedingten Schwächen des mit Graphit moderierten Kernreaktors, die zusammen mit vielen Bedienungsfehlern und der Vernachlässigung von Sicherheitsbestimmungen in die Katastrophe mündeten.

Geplant war ein Test, bei dem die Ingenieure prüfen wollten, ob die Turbinen bei einem kompletten Stromausfall im Kraftwerk noch in der Lage wären, eine Notkühlung aufrechtzuerhalten. Und da der Versuch unter realistischen Bedingungen ablaufen sollte, schaltete das Personal das Sicherheitssystem von Block 4 ab. Eine verdammt schlechte Idee, weil damit auch die Dampfzufuhr zum Reaktor unterbrochen war. Als dann der Strom abgeschaltet war, erhöhte der Reaktor seine Leistung, weil das Wasser nur noch Siedetemperatur hatte. Man braucht aber verdampfendes Wasser, um den Reaktor ausreichend zu kühlen. Normalerweise wäre in einem solchen Fall das Sicherheitssystem angelaufen, doch das war ja abgeschaltet. Es gelang auch nicht, es manuell zu aktivieren. Hinzu kam, dass die Brennstäbe bei diesem Reaktortyp Grafitspitzen haben und das Grafit als Moderator die chemische Reaktion zwischen dem aus der Brennstoffkammer entwichenen Zirkonium und dem Dampf sogar noch beschleunigte. Das so entstandene Knallgas führte zur Explosion ... eine Kettenreaktion, verursacht durch technische und menschliche Fehler, die zum Super-GAU wurde.

Ein Liquidator, einer der freiwilligen Helden, die unter Einsatz ihres Lebens halfen, die radioaktive Verseuchung einzudämmen.

Xenonvergiftung

Tragisch war, dass der Kernreaktor während des unter der Leitung von Anatoli Stepanowitsch Djatlow durchgeführten Versuchs für längere Zeit in einem unzulässig niedrigen Bereich betrieben wurde. Hinzu kamen schwerwiegende Verstöße der Operatoren gegen geltende Sicherheitsvorschriften und ein weiteres Problem, denn auch Xenon spielte eine wichtige Rolle und zählt zu den Hauptursachen für die Katastrophe.

Zusammengefasst passierte Folgendes: Bei der Vorbereitung des Experiments wurde die Leistung des Reaktors für längere Zeit stark gedrosselt (auf 30 MW), wodurch es zu einer sogenannten Xenonvergiftung kam. Um die Leistung wieder zu erhöhen, wurden die Steuerstäbe (zur Regelung und Abschaltung des Reaktors) sehr weit herausgezogen. Als nach dem Schließen der Dampfzufuhr der Turbine der Neutronenfluss kurzzeitig anstieg, wurde

Bei ersten Aufräumarbeiten in Tschernobyl kamen auch Hubschrauber zum Einsatz. Die Kosten für die Isolierung des Reaktors waren enorm.

Ein verlassenes Haus in der Todeszone von Tschernobyl. Erstaunlicherweise produzieren die nicht verunglückten Reaktoren des Kraftwerks weiterhin Strom, um die Ukraine zu versorgen, die von der gefährlichen Atomenergie abhängig ist.

dadurch Xenon abgebaut, was die Reaktorleistung und somit auch den weiteren Abbau von Xenon erheblich steigerte. Dieser schnelle Leistungsanstieg war durch das Einfahren der Steuerstäbe nicht mehr abzufangen und führte zur Explosion des Reaktorkerns. Es war frühmorgens um 1.23 Uhr. Die Detonation sprengte die tonnenschwere Abdeckplatte des Reaktorgehäuses weg, Außenluft drang in den Reaktor ein, das so entstandene

Begrabene Radioaktivität

Nach dem schweren Unfall von Tschernobyl wurde ein sogenannter Sarkophag, ein Mantel aus Stahlbeton, über dem havarierten Reaktor errichtet. Aber mit der Zeit wurde die Konstruktion durch Strahlung, Hitze und Materialkorrosion in ihrer Wirkung beeinträchtigt. Vor allem bestand die große Gefahr, dass der alte Sarkophag zusammenbrechen könnte, weshalb er so schnell wir möglich verstärkt werden musste. Die Ukraine war nicht in der Lage, die Kosten zu übernehmen und beantragte internationale Hilfe. Im Jahr 2007 wurde die Konstruktion eines zweitens Sarkophags beschlossen, der für die nächsten 100 Jahre den möglichen Austritt von Radioaktivität verhindern soll.

Gasgemisch verursachte weitere Explosionen und den Brand des Grafits. Ein Großteil des radioaktiven Reaktorinhalts wurde nach draußen geschleudert.

Evakuierung der Bevölkerung

Nach offiziellen Informationen wurden mehr als 180 t angereichertes Uran in die Atmosphäre freigesetzt. Feuerwehrleute und Operatoren versuchten sofort nach der Zerstörung des Reaktors, den Brand zu löschen und das Austreten von Radioaktivität unter Einsatz ihres Lebens zu verhindern. Vor allem brannte der Grafitkern extrem heiß, als er der Atmosphäre ausgesetzt war. Die Temperatur erreichte 2500 Grad Celsius und die radioaktive Wolke breitete sich in einem Radius von mehreren Kilometern aus. Die Behörden bereiteten deshalb die Evakuierung der betroffenen Bevölkerung vor. Sie begannen mit der nahe gelegenen Stadt Prypjat, die 1970 für die Arbeiter des Kraftwerks gegründet worden war, und setzten die Evakuierung in den folgenden Tagen in einem Umkreis von 36 km fort. Um die Strahlenemission einzudämmen, wurde über den brennenden Reaktorblöcken von Miltitärhubschraubern aus eine Mischung aus Neutronen absorbierenden Materialien abgeworfen.

Medaillen, mit denen Liquidatoren geehrt wurden. Sie halfen, die Folgen der Katastrophe zu minimieren – ohne ausreichende Ausrüstung und Schutzmittel.

Nicht starten ... es ist viel zu kalt

FEHLER: **Die wiederholten Warnungen der Ingenieure missachten, die auf ein mögliches Versagen der Dichtungsringe hinweisen, die bei Temperaturen unter null Grad ihre Elastizität verlieren.**

Wann?
28. Januar 1986.

Wer?
Die Nationale Aeronautik- und Raumfahrtbehörde in den USA (NASA).

Folgen
Alle sieben Besatzungsmitglieder kamen ums Leben, darunter die 37-jährige Lehrerin Christa McAuliffe, die als erste Zivilistin an einem Raumflug teilnahm. Nach dem Unglück gab es ein generelles Startverbot für die Shuttle-Flotte. Das Spaceshuttle-Programm erlitt einen herben Rückschlag. In knapp 30 Monaten wurden über 2000 Änderungen am Shuttle-System ausgeführt.

Die Mannschaft der Challenger. Hintere Reihe von links nach rechts: Ellison S. Onizuka, Sharon Christa McAuliffe, Greg Jarvis und Judy Resnik. **Vordere Reihe:** Mike Smith, Dick Scobee und Ron McNair.

„Für eine erfolgreiche Technik muss die Realität Vorrang vor Public Relations haben, denn die Natur lässt sich nicht zum Narren halten".

Richard P. Feynman, Physiker und Mitglied der Untersuchungskommission (Rogers-Kommission) zur Challenger-Katastrophe

Von Anfang bis Mitte der 1980er-Jahre setzte das amerikanische Raumfahrtprogramm stark auf Spaceshuttles. Durch ihre Fähigkeit zum gleichzeitigen Transport von Mannschaft und Fracht konnten laut NASA die Kosten für einen Raumflug deutlich gesenkt werde, vor allem im Vergleich zu den herkömmlichen Trägerraketen. Außerdem sollten die Shuttle helfen, einen großen Traum zu verwirklichen: den Bau einer Raumstation. Ein weiterer

Flug der Challenger im Jahr 1983. Als meistbenutzte Raumfähre der NASA transportierte die Challenger Satelliten und Teile des Raumlabors Spacelab. Bis zum Unglück hatte sie neun Flüge absolviert.

Vorteil bestand in der Möglichkeit, damit Satelliten in den Orbit zu bringen bzw. von dort zurückzuholen.

Im Laufe der jahrelangen Entwicklung der Spaceshuttles mussten die Ingenieure einige Hürden überwinden. Wichtig war vor allem, den idealen Raketenantrieb zu finden. Schließlich entschied man sich für zwei Feststoffraketen (*Solid Rocket Booster*, SRB), die den Hauptteil des Startschubs erzeugen sollten.

O-Ringe

Die Raketen zu beiden Seiten des großen Außentanks der Challenger bestanden aus mehreren Abschnitten, die zum Teil nicht verschweißt, sondern mit Dichtungsringen verbunden waren. Die Feststoffraketen wurden in vier Teilen gefertigt und vom Hersteller, der Firma Morton Thiokol, als vormontierte Module geliefert. Der fehlerhafte O-Ring befand sich in einem *field joint*, der von NASA-Technikern vor Ort zusammengefügt wurde. Die Verankerungen wurden durch zwei übereinander angeordnete O-Ringe abgedichtet, zwischen diesen befand sich ein Anschluss für Dichtigkeitsprüfungen. Durch tiefe Temperaturen in der Nacht und am Morgen des Starts büßte der Kunststoff jedoch seine Elastizität ein. Sicherheitsbedenken gegenüber der Qualität dieser Dichtungsringe und ihrer Elastizität bei Frost waren dem Hersteller der Raketen bekannt. Nach Ansicht seiner Ingenieure, die auch entsprechende Warnungen an die NASA richteten, hätte der Start des Shuttles bei so niedrigen Temperaturen nicht erfolgen dürfen.

Die Mission

Der Start der Mission STS-51-L (*Space Transportation System*) – so die Bezeichnung der NASA für den Challenger-Flug – war ursprünglich schon für den 22. Januar 1986 geplant und sollte nun unbedingt erfolgen. Die Challen-

Raumfähre Challenger im Nebel, 1982, John F. Kennedy Space Center. Das KSC ist der Weltraumbahnhof der NASA auf Merritt Island, Florida, und grenzt an Cape Canaveral. Das 55 km lange und 10 km breite Gelände umfasst eine Fläche von rund 567 km².

ger hatte die Aufgabe, den Kommunikationssatelliten TDRS-2 auszusetzen. Außerdem sollte der Komet Halley mit einer speziellen Ausrüstung beobachtet werden. Als weiterer Höhepunkt war geplant, die Grundschullehrerin Christa McAuliff einige Unterrichtsblöcke live aus dem Weltraum abhalten zu lassen.

Zweifel vor dem Start

STS-51-L war die 25. Spaceshuttle-Mission und der zehnte und letzte Flug der Raumfähre Challenger. Nach einer Verschiebung sollte der Start nun am 28. Januar 1986 stattfinden. Aber nicht alle waren damit einverstanden. Einigen Ingenieuren von Morton Thiokol bereitete die Kälte Sorgen, sodass sie am Vortag bei einer Telefonkonferenz das Management der NASA eindringlich vor dem geplanten Start warnten. Es war schon seit Längerem bekannt, dass die Dichtungsringe bei Temperaturen unter 11,7 °C gefährlich erodierten, und in dieser Zeit fiel das Thermometer aufgrund von Nachtfrost oft (genau wie vor dem Abflug) auf –2 °C. Unter diesen Umständen war ein Start einfach viel zu riskant. Offenbar konnte sich Morton Thiokol aber gegen den Auftraggeber NASA nicht durchsetzen und man kam überein, trotz aller Gefahren und Warnungen die Mission wie geplant zu starten.

Selbst die über Nacht vereiste Startrampe half nicht als Warnung, denn das Kontrollzentrum der NASA verschob den Start lediglich um eine läppische Stunde, und das auch nur, um dem Enteisungsteam mehr Zeit zu geben. Genau um 11.38 Uhr hob die *Challenger* ab.

Moment der Challenger-Explosion auf ihrer zehnten Mission. Die Schutzkapsel blieb nach der Explosion intakt und zerbrach erst beim Aufprall auf den Ozean.

Challenger-Unglück live im Fernsehen

Wenige Sekunden nach dem Start versagte, genau wie es die Ingenieure von Tiokol befürchtet hatten, einer der O-Ringe der rechten Feststoffrakete und durch das so entstandene Leck trat heißes Verbrennungsgas aus. Das Leck lag so ungünstig, dass die Gase genau auf die Verbindung des Boosters mit dem mit explosivem Wasserstoff gefüllten Außentank trafen. Die Raumfähre und der Tank wurden durch die enormen aerodynamischen Kräfte zerstört. Eine große Menge flüssigen Sauerstoffs und Wasserstoffs trat aus und entzündete sich, was wie eine Explosion aussah. Die Mannschaft hatte keine Chance. 2 Minuten und 45 Sekunden nach dem Auseinanderbrechen des Shuttles schlug die Kapsel mit etwa 300 km/h aus einer Höhe von 14 000 m auf dem Atlantik auf. CNN hatte den Start landesweit live übertragen. Der Schock bei den Bürgern saß tief und sollte erst Jahre später durch die Tragödie des World Trade Centers übertroffen werden.

Untersuchungen der Rogers-Kommission bestätigten, dass defekte O-Ringe die Unglücksursache waren. Die NASA nahm alle Schuld auf sich, gestaltete das Spaceshuttle um (insbesondere die Feststoffraketen) und reduzierte die Anzahl der Flüge pro Jahr.

Dennoch scheint es, als hätte die NASA ihre Hausaufgaben nicht richtig gemacht, denn nur wenige Jahre später kam ähnliche Kritik auf, nachdem eine weitere Raumfähre, die Columbia, am 1. Februar 2003 durch einen ebenso tragischen Unfall zerbrach und in einer Rauchfahne aufging.

Die Mannschaft der Columbia, eine weitere Raumfähre, die auf einer Mission ins All zerstört wurde. Dieses Mal im Jahr 2003 beim Wiedereintritt in die Erdatmosphäre und verursacht durch ein abgerissenes Schaumstoffteil.

Der Unfall der Columbia

Die Challenger war nicht die einzige Raumfähre, die bei einer Mission verunglückte. Am 1. Februar 2003 explodierte die Raumfähre Columbia auf der Rückkehr von ihrer 28. Mission (STS-107) zum Kennedy Space Center in etwa 63,13 km Höhe über Texas. Zuvor war sie 14 Tage im All gewesen. Ursache für den Unfall war eine Überhitzung bis zur Materialerweichung, hervorgerufen durch ein Loch im Hitzeschild, welches durch ein beim Start abgerissenes Schaumstoffteil entstanden war. Alle sieben Besatzungsmitglieder starben.

Register

Bildnachweis

o = oben; **u** = unten

DREAMSTIME

WIKIPEDIA COMMONS

22 ©Marie-Lan Nguyen; **24** BY DieBuche; **41** BY James Steakley; **105** BY Paravis; **127** wiki BY Josep Renalias; **153** BY David Monniau; **181o** BY AgnosticPreachersKid; **183** BY Yann; **184** BY Pete Souza, The Obama-Biden Transition Project; **201** BY Lyn Gateley; **206** BY ignis; **210** BY Calibas; **220o** BY d-online; **233** BY Anynobody; **237o** BY Jolomo at en.wikipedia; **237u** BY Simone.lippi at it.wikipedia; **239** BY Obi from Roma; **244** ©Elena Filatova; **245o** BY Lamiot on fr.wikipedia

GETTY

73